German-American Genealogical Research
Monograph Number 8

NINETEENTH-CENTURY EMIGRATION FROM

KREIS SIMMERN (HUNSRUECK), RHEINLAND-PFALZ, GERMANY,

TO BRAZIL, ENGLAND, RUSSIAN POLAND, AND

THE UNITED STATES OF AMERICA

Clifford Neal Smith

CLEARFIELD

Second printing, 1982
Third printing, 1984
Fourth printing, 1987   ±ʃ
Reprint, April 1989   qz
Reprint, September 1990 qz
Reprint, January 1997   u
Reprint, April 1997   u

Reprinted for
Clearfield Company, Inc. by
Genealogical Publishing Co., Inc.
Baltimore, Maryland
2004

International Standard Book Number: 0-8063-5227-2

Made in the United States of America

**Copyrighted © 1980 by Clifford Neal Smith
All rights reserved.**

INTRODUCTION

Simmern *Kreis* (administrative district) is an area of 571 square kilometers in the *Land* (state) of Rheinland-Pfalz, German Federal Republic. Generally, the district is hilly, almost mountainous; its most prominent feature is the Hunsrueck, the slate mountains between the Rhine, Mosel, and Nahe rivers. The Kreis is part of the Koblenz *Regierungsbezirk* (administrative region), and emigration records are to be found for the most part in the Staatsarchiv Koblenz. In 1960 only 20% of the inhabitants of Kreis Simmern were engaged in industrial occupations, attesting to the largely agricultural nature of the area.

All of the nineteenth-century emigrants listed in this monograph would have declared themselves to be Prussian subjects, because the district had fallen to the Kingdom of Prussia in 1815 as a result of the reorganization of central Europe at the Congress of Vienna. Before that time, the district had been a fief of the Simmern branch of the Wittelsbach family, whose origins were in Bavaria. The Pfalz-Simmern line of the family had become Calvinists (Reformed) in 1556 and 1583 and, as a consequence, the population of the district is today largely protestant (59%), despite the fact that in neighboring districts of Regierungsbezirk Koblenz the inhabitants are predominantly Catholic.

The list of emigrants in this monograph has been adapted and translated from two articles published in Germany in 1935 and 1938.[1] The second article summarizes the statistical data derived from both articles. It is reported that a total of 2,392 emigrants left Kreis Simmern between 1816 and 1900: 879 (37%) went to Brazil, 1,342 (56%) to the United States, 115 (5%) to England, and 55 (2%) to Algiers, the Dutch colonies, and Russian Poland. Brazil was the most popular country of settlement until 1852, when a large contingent (154 persons) left for the United States. Thereafter, emigration to the United States was larger than that to Brazil, excepting in 1857. It seems likely from the records that settlement in Brazil was restricted to a few areas of that country. As will be seen from the lists, most immigrants to England were bakers. Why London had such an attraction for these craftsmen is not explained, but the German compiler reports that many of the bakers became well-to-do there. He also points out that on 11 July 1851 the State of New York had passed a law prohibiting the landing of immigrants having less than $20 in their possession. Travel agents responsible for some Simmern immigrants in Albany had then to transport them out of the state, via Buffalo, to Sandusky, Ohio. These agents then routed further immigrants through the port of New Orleans, with the consequence--and to the immigrants' advantage, no doubt--that these poor people were placed nearer the advancing frontiers of the country, where land was cheap and plentiful.

---

1. The emigrants from Amt Gemuenden were listed in an article by Walter Diener, entitled "Auswanderer aus den Ortschaften der Buergermeisterei Gemuenden (Hunsrueck)[Emigrants from the Villages of Gemuenden Mayoral District]" in *Rheinische Vierteljahrsblaetter: Mitteilungen des Instituts fuer Geschichtliche Landeskunde der Rheinlaende an der Universitaet Bonn*, 5 (1935): 215-222. The lists for all other *Aemter* were published in Walter Diener, "Die Auswanderung aus dem Kreise Simmern (Hunsrueck) in 19. Jahrhundert [Nineteenth-Century Emigration from Kreis Simmern]," in *Ibid.*, 8 (1939): 91-148.

Researchers finding names of immigrant ancestors herein will want to check the microfilm holdings of the Genealogical Society of Utah, Salt Lake City, for further information on them. As of 1979, the Society held church-record microfilms for the following congregations: The holdings are coded as follows: C = Catholic parish record; E = Evangelical Lutheran parish record; 1 = eighteenth century; 2 = nineteenth century. Thus C2 would indicate that the Society holds the microfilm of a Catholic parish record covering the nineteenth century.

Amt Simmern

Altweidelbach, C1	Kisselbach, E1	Rayerscheid, C2
Bubach, C2	Laubach, C2, E2	Simmern, C2, E2
Holzbach, E1	Neuerkirch, E1	
Horn, E1	Pleitzenhausen, E2	

Amt Gemuenden

Gehlweiler, E1	Kellenbach, E1	Schlierschied, E1
Gemuenden, C2, E2	Rohrbach, C2, E2	

Amt Kastellaun

Alterkuelz, E1	Goedenroth, E1	Sevenich, C2
Bell, C1, E1	Mannebach, C2	Uhler, E1
Beltheim, C2	Roth,* C2, E2	
Buch, C2	Sabershausen, C2	

Amt Kirchberg

Dickenschied, E1	Laufersweiler, C2, E2	Schonborn,* E2
Dill, E1	Metzenhausen, E1	Schwarzen, E1
Kappel, C2, E2	Oberkostenz, Ee	Todenroth, E1
Kirchberg, C1, E1		Womrath, E1

Amt Ohlweiler

Biebern, C2, E2	Ravengiersburg, C2	Sargenroth, E1
Ohlweiler, E1		Tiefenbach, E2

Amt Rheinboellen

Eller, C1	Moerschbach, E1	Schnorbach, C1
Ellern, E1	Rheinboellen, C1, E1	

*May not be same village.

Abbreviations Used

b born (either birthdate or maiden surname)
c child, children
d daughter (of parents, or parent, listed proximately)
e emigrated (followed by year of emigration); where followed by question mark, it means that year of emigration is not known
f family, or father
s son (of parents, or parent, listed proximately above)
w wife (of man listed immediately above)

Sources

A P. Amsted, a Swiss-German reporter of immigrants in Brazil
B Buergermeisterei (mayoral) records
C Pastor Cullmann's list of immigrants in Brazil
H Source not described by Diener (used only once and possibly a misprint in the German text)
J Herr Jung's list of Brazilian immigrants
L Landrat's records
V Source not described by Diener

Frequently, AL and CL are used together, indicating that both A & L or C & L sources are in agreement as to data given.

LIST OF EMIGRANTS FROM KREIS SIMMERN
ARRANGED BY POLITICAL SUBDIVISIONS

1. Amt Simmern

From: Town of Simmern, Amt Simmern
To: Brazil

1. RECH, --; e 1826, S. Leopoldo, Neuhamburg AC
2. GRINGS, --; e 1842, S. Leopoldo, Neuhamburg A
3. SCHWARZ, H. Peter; e 1846, Taquara A
4. HARTMANN, Peter; e 1846, D. Irmaos A
5. KONRAD, --; e 1847, D. Irmaos A
6. HECKLER, Jakob; e 1848, S. Leopoldo, Neuhamburg A
7. RECH, Juliana, b 13 Nov 1827; e 1848 A
8. KAUER, Johann Peter, b 9 Feb 1805; e 1851, Neuhamburg A
9. BUENDCHEN, --; e 1855, S. Leopoldo, B. Jardim A
10. KLIPPEL, Martin, glazier; e 1855, South America A
11. PEITER, --; e 1856, S. Cruz A
12. DIEL, Matthias; e 1857, S. Leopoldo, D. Irmaos A
13. DIEL, Nikolaus; e 1857, D. Irmaos A
14. EMMEL, Adam, e 1857, S. Cruz A
15. WELKER, Paul, bachelor, mechanic, b 20 Apr 1859; e ? L
16. RECH, Henrich Jakob, b 26 Dec 1842; e 1859 L
17. STEIN, Jakob; e 1859 L
18. STEIN, Elisa[beth], d; e 1859 L
19. STEIN, G. Karl Emil, s; e 1859 L
20. FRANK, Nikolaus; e 1858, S. Leopoldo, D. Irmaos A
21. HECKLER, Christoph; e 1859, S. Leopoldo, B. Jardim A
22. HECKLER, Adam; e 1859, S. Leopoldo, B. Jardim A
23. HECKLER, Peter; e 1859, S. Leopoldo, B. Jardim A
24. DIEL, Jakob; e 1861, S. Leopoldo, B Jardim A
25. DIEL, Christoph; e 1861, S. Leopoldo, B. Jardim A
26. RITTER, Friedrich; e 1861, S. Lorenzo A
27. SCHMITZ, Margareta; e 1861, S. Leopoldo A
28. RITTER, Karl; e 1862, S. Lorenzo A
29. HOFF, Peter, b 3 May 1850; e 1862, S. Sebastiao A
30. HOFF, Adam, b 16 Feb 1852; e 1862 L
31. HOFF, Friedrich Ludwig, b 9 Dec 1853; e 1862 L
32. HOFF, Adam, b 16 Feb 1852; e 1862 L
33. HOFF, Jakob, b 21 Oct 1855; e 1862 L
34. HOFF, Wilhelm, b 16 Nov 1857; e 1862 L
35. HOFF, Paul, b 5 Mar 1860; e 1862 L
36. HOFF, Johanna Luise Magdalena, b 2 Dec 1861; e 1862 L
37. SCHMIDT, Johann Jakob, b 12 May 1843; e 1862 -
38. HOFF, Paul; e 1863 L
39. MAXEIN, J. Karl; e 1863 L
40. HEPP, --; e 1869, S. Lorenzo A
41. KERN, Karl; e 1878, S. Lorenzo A
42. RITTER, Jose; e 1874, S. Lorenzo A
43. ROOS, --; e 1864, S. Cruz A
44. GRIESANG, Wilhelm; e ? S. Leopoldo A
45. HERMANN, Jakob; e ? D. Irmaos A
46. SCHEIN, Peter; e ? D. Irmaos A
47. RIES, Jakob; e ? D. Irmaos A
48. HELLER, Nikolaus; e ? Hamb[urg] V. C
49. HELLER, Johann; e ? C
50. FENSTERSEIFER, --; e ? C
51. SCHAEFER, Gertrude, b 14 May 1831; e ? P. Alegre C

From: Town of Simmern, Amt Simmern
To: North America

1. DORR, Karl; e 1845? L
2. ENGELHARDT, Philipp; e 1854 L
3. SOMMER, Andreas Hub.; e 1854 L
4. RECH, Heinrich, innkeeper; e 1855 L
5-12. KUFCKAM, Karl, shoemaker, with f (8 persons); e 1856
13. EVERHARDT? Rudolf, technician, b 3 Mar 1839; e 1860 New Orleans
14. HARDT, Friedrich Ad[olf], b 29 Dec 1846; e 1863 L
15. HERMANN, Paul, b 23 Apr 1841; e 1866 L
16. KUHN, Friedrich, cooper, b 12 Dec 1839; e 1866 L
17. FRANK, Joseph, driver, b 2 Apr 1802; e 1869 L
18. FRANK, Elisabeth, b WEYRICH, b 15 Apr 1803; e 1869 L
19. FRANK, Margaretha, d, b 21 Dec 1835; e 1869 L
20. FRANK, Elisabeth, d, b 2 Sep 1847; e 1869 L
21. KARSCH, Emil, bachelor, baker, b 20 Aug 1841; e 1869 L
22. KAUFMANN, Karl, bachelor, private secretary, b 23 Oct 1848; e 1869 L
23. KAUN, Ludwig, b 29 Oct 1854; e 1873, Montreal, Canada L
24. SILBERBERG, Gustav; e 1879, America? L
25. de LORENZI, Joseph, bachelor, watchmaker, b 8 Sep 1856; e 1881 L
26. MOERSCH, Jakob, wheelwright, b 11 Mar 1857?; e 1881 L
27. HAUCH, Christine, b 27 Apr 1864; e 1882, New York L
28. GOETZ, Johann Julius, b 30 Jun 1833, f; e 1883, New York L
29. GOETZ, Maria Magdalena, b GOETZ, b 24 Jan 1837, w; e 1883, New York L
30. GOETZ, Maria Sophie, b 2 Aug 1864, d; e 1883, New York L
31. GOETZ, Julius J. P. Ferdinand, b 3 Nov 1866, s; e 1883, New York L
32. GOETZ, El[isabeth] Charl[otte], b 24 Mar 1868, d; e 1883, New York L
33. GOETZ, Joh[anna] Charl[otte], b 21 May 1869, d; e 1883, New York L
34. GOETZ, Corn[elia?] Ang[elika?] Kar[oline?], b 15 Aug 1870, d; e 1883, New York L
35. GOETZ, Joh[anna] Maria, b 26 Jan 1872, d; e 1883, New York L
36. GOETZ, Maria Luise, b 12 Sep 1873, d; e 1883, New York L
37. GOETZ, Wilh[elm?] K. Aug[ust?], b 2 Sep 1875, s?; e 1883, New York L
38. GOETZ, Sophie Ch[arlotte?] b 8 Oct 1877, d; e 1883, New York L
39. GOETZ, Anna Math[ilde] E[lisabeth?], b 10 Oct 1880; e 1883, New York L
40. MOERSCH (Wannenmuehle*) Adam, bachelor, butcher, b 7 Dec 1858; e 1883, New York L
   *"Mill pond" of unknown significance.
41. MOERSCH (Wannenmuehle), Christoph, shoemaker, b 1 Jan 1865; e 1883, New York L

42.	JUNG, Friedrich, bachelor, b 10 May 1865; e 1883, New York	L
43.	HAUCH, Andreas, tailor, b 17 Dec 1860; e 1883, New York	L
44.	KIRCHMEYER, Heinrich, b 9 Sep 1829; e 1883, Baltimore	L
45.	KIRCHMEYER, Charlotte, d, b 9 Aug 1863; e 1883, Baltimore	L
46.	KIRCHMEYER, Ludwig, s, b 20 Jan 1869; e 1883, Baltimore	L
47.	RECH, Christian, bachelor, day laborer, b 29 May 1864; e 1883	L
48.	FALLER, Ludwig, bachelor, b 23 Sep 1867; e 1884	L
49.	GRUENEWALD, Alexander, businessman, b 17 Jul 1868; e 1885 Georgia	L
50.	GRUENEWALD, Elias, b 19 Feb 1860; e before 1885	L
51.	GRUENEWALD, Gustav, b 3 Nov 1864; e before 1885	L
52.	SCHOKIES, Karl, day laborer, b 9 Feb 1849; e 1885, New York	L
53.	SCHOKIES, Maria Magdalene, b LUDWIG, b 26 Jul 1858; e 1885, New York	L
54.	SCHOKIES, Anna Luise, d, b 1 Jun 1879; e 1885, New York	L
55.	SCHOKIES, Carl Franz, s, b 21 Oct 1880; e 1885, New York	L
56.	SCHOKIES, Amalie, b 25 Apr 1882; e 1885, New York	L
57.	BAUERMANN, Friedrich, bachelor, stocking weaver, b 8 Oct 1854; e 1885	L
58.	LAYDENER, Peter Jakob, bachelor, day laborer, b 2 Jan 1857; e 1887, Minnesota	L
59.	HEYMANN, Max, b 6 Mar 1869; e 1888, Huntsville [Alabama?]	L
60.	GRUENEWALD, Moses, merchant, b 1 Jul 1823; e 1893	L
61.	GRUENEWALD, Johanna, b SIMON, b 2 May 1832; e 1893	L
62.	BAUERMANN, Peter, stocking weaver, b 6 Apr 1843; e ?	B
63.	HOFFMANN, Friedrich Wilhelm, businessman, b 27 Jul 1853; e 1880	B
64.	HUETHWOHL, Friedrich, paperhanger, b 10 Sep 1833; e ?	B
65.	HUETHWOHL, Sophie Christine, b JOHANNES, b 15 Aug 1830; e ?	B
66.	HUETHWOHL, Regine, d, b 4 Oct 1865; e ?	B
67.	KIRCHMEYER, August Rudolf, businessman, b 31 Jan 1839; e ?	B
68.	KIRCHMEYER, Hermann, baker, b 27 Mar 1871; e 1890, Baltimore	B
69.	KIRCHMEYER, Auguste, saleswoman, b 24 Oct 1860; e 1890, Baltimore	B
70.	MOERSCH, Peter, miller, b 4 Oct 1839; e ?	B
71.	WEBER, Heinrich, b 9 Feb 1846; e ?	B

From: Town of Simmern, Amt Simmern
To: England

1.	BECK, J. R. Ludwig, bachelor, businessman, b 3 Mar 1848; e 1871	B
2.	GOLDSCHMIDT, Julius, bachelor, b 12 Mar 1843; e 1877	B
3.	SONDHEIMER, Rudolf, apprentice businessman, b 22 Mar 1866; e 1883	B

From: Altweidelbach, Amt Simmern
To: Brazil

1.	KONRATH, Christian; e 1862	A
2.	KONRATH, Peter; e 1873	-
3.	KONRATH, Lorenz; e ?	-

From: Altweidelbach, Amt Simmern
To: North America

1.	BAUERMANN, Wilhelm, miller, b 24 Mar 1841; e ?	L
2.	KONRAD, Jakob, shoemaker, b 10 Feb 1839; e 1867	L

From: Benzweiler, Amt Simmern
To: North America

1.	KARBACH, Peter, farmer, b 29 Oct 1823; e 1863?	L
2.	KARBACH, Margareta, w, b 17 Mar 1821; e 1863?	L
3.	KARBACH, Katharina, d, b 6 Feb 1862; e 1863?	L
4.	KARBACH, A[nna] Maria, d, b 23 Jun 1854; e 1863?	L
5.	KARBACH, Margarete, d, b 5 May 1858; e 1863?	L
6.	KARBACH, Maria, d, b 12 Mar 1860; e 1863?	L
7.	KARBACH, --, widow of Peter & mother of #1, b 29 Sep 1804; e 1863?	L
8.	HETZEL, Jakob; e 1869	L
9.	SCHERSCHLICHT, Jakob, b 10 May 1851; e 1869?	L
10.	SCHERSCHLICHT, Margarete, b LENHARDT; e 1869?	L

From: Bergenhausen, Amt Simmern
To: North America

1.	SCHUELER, Peter, farmer, b 14 Dec 1842; e 1868	L

From: Bubach, Amt Simmern
To: America

1.	BAST, Christoph, farmer; e 1854	L
2.	BAST, Paul, farmer; e 1855	L
3.	ASSMANN, Nikolaus, shepherd, b 27 May 1869; e 1887	L
4.	ASSMANN, Barbara, b 9 Jul 1871; e 1887?	L
5.	ASSMANN, Jakob, farmer, b 7 May 1875; e 1894	L
6.	HARTMANN, J[ohann] Michel, tailor; e ?	-

From: Budenbach, Amt Simmern
To: Brazil

1.	KURZ, --; e 1845 S. Leopoldo	A

From: Budenbach, Amt Simmern
To: America

1.	WOLFF, Georg; e 1854	L
2.	WECKMUELLER, Georg, farmer; e 1857	L

From: Kuelz, Amt Simmern
To: North America

1-4. IMIG, Christoph, and family; e 1882   L
5. WAGNER, Peter, farmer; e?   L

From: Chuembdchen, Amt Simmern
To: Brazil

1. RECK, Heinrich Peter; e 1855   A

From: Chuembdchen, Amt Simmern
To: Unknown destination

1. DILLIG, Jakob; e 1865   L

From: Holzbach, Amt Simmern
To: America

1. MIESEMER, Margarete, no profession, b 24 Jun 1862; e 1883   L

From: Horn, Amt Simmern
To: Brazil

1. HEINZ, --; e 1822? S. Leopoldo, B. Jardim   A
2. BAUERMANN, Georg; e 1827, S. Leopoldo, Neuhamburg   A
3. BENDER, Daniel; e 1849 S. Cruz   -

From: Horn, Amt Simmern
To: North America

1-4. SIXEL, Peter Paul, and family; e 1854   L
5. GUMM, Jakob; e 1857   L
6. KNEBEL, Georg; e 1857   L
7-11. THOMAS, Jakob, and family; e 1868   L
12. KNEBEL, Peter, farmer, b 21 Nov 1845; e 1872   L
13. SIXEL, Peter, farmer & shoemaker, b 8 Feb 1842; e 1872?   L
14. SIXEL, Jakob, farmer, b 29 May 1832; e 1872?   L
15. HOTTENBACHER, Peter, tailor, b 2 Apr 1844; e ?   L

From: Kisselbach, Amt Simmern
To: North America

1. HOFFMANN, Jakob; e 1854   L
2-5. HOHL, Peter, cabinetmaker, & family; e 1856   L
6-9. JOHANN, Peter, & family; e 1857   L

From: Kisselbach, Amt Simmern
To: Netherlands Indies

1. BRAUN, Matthias, laborer, b 31 Jul 1856; e ?   L

From: Klosterchumbd, Amt Simmern
To: Brazil

1. BENDER, Christoph; e 1845   L
2. BENDER, Elisabeth, b GOEHL; e 1845   L

From: Klosterchumbd, Amt Simmern
To: North America

1. BORMANN, Adam; e 1854   L
2. PAULUS, Peter; e 1854   L
3. WALLAUER, Paul; e 1854   L
4. WALLAUER, Margarete; e 1854   L

5. KUELZER, P[eter] Joseph, farmer; e 1855   -
6. HETZEL, Christoph; e 1857   L
7-12. KNEBEL, Christoph, farmer, with w & 4 c; e ?

From: Laubach, Amt Simmern
To: Brazil

1. GUMM, Peter Paul, farmer, b 15 Aug 1836; e 1861, S. Cruz   HL
2. GUMM, Anna Margarethe, b 25 Nov 1841; e 1861, S. Cruz   L
3. GUMM, Maria Katharina, b 8 Feb 1845; e 1861, S. Cruz   L

From: Laubach, Amt Simmern
To: North America

1. GUTENBERGER, Georg, widow of; e 1855   L
2. REUTHER, Wilhelm, beer brewer, b 14 Aug 1831; e 1866   L
3. FIEHL, Peter, farmer, b 6 Feb 1858; e 1889, Chicago   L
4. LEININGER, Johann, journeyman baker, b 30 Aug 1872; e 1889, America   L
5. LEININGER, Eva, b 28 May 1863; e before 1889 to America   L
6. DHEIN, Christina, blacksmith, b 2 Feb 1873; e 1890, America   L
7. DHEIN, Margarete, unmarried, b 2 Jun 1870; e 1890   L
8. HETZEL, Peter, b 2 Feb 1839; e ?   L
9. WITTMACHER, Valentin, farmer, 23 Jun 1841; e ?   L
10. WILBERT, Jakob, b 21 Feb 1848; e ?   L
11. WILBERT, Peter, b 1858; e ?   L
12. WILBERT, Christoph, b 1862; e ?   L
13. WILBERT, Nikolaus; e ?   L

From: Mutterschied, Amt Simmern
To: Brazil

1. KIST, Johann; e ? S. Cruz   A
2. DUPONT, Martin, farmer; e 1862   L
3. DUPONT, --, wife; e 1862   L
4. DUPONT, Elisabeth, d; e 1862   L
5. DUPONT, Margaretha, d; e 1862   L
6. DUPONT, Johann, b 9 May 1856; e 1862   L
7. DUPONT, Jakob, b 24 Aug 1859; e 1862   L
8. KIST, --; e 1854, Brazil?   L
9. KIST, Matthias; e 1856, Brazil?   L

From: Mutterschied, Amt Simmern
To: North America

1. BENDER, Adam, stable boy, b 30 Jan 1830; e ?   L
2. ECKEL, Philipp, b 12 Apr 1847; e 1866   L
3. ECKEL, H[einrich] Joseph, housepainter, b 28 Apr 1843; e 1866   L
4. MOEBUS, P[eter] Karl Johann, b 22 Aug 1851; e ?   L

From: Neuerkirch, Amt Simmern
To: Brazil

1. GRIESANG, --; e 1854, S. Leopoldo   A

From: Neuerkirch, Amt Simmern
To: North America

1. STOFFEL, Peter; e 1857 destination uncertain L
2. KNAUDT, Wilhelm; e ?, destination uncertain L

From: Niederchumbd, Amt Simmern
To: Brazil

1-7. SULZBACHER, --, with family, two sons already there L

From: Niederchumbd, Amt Simmern
To: America

1. LUECKER, Peter; e 1856 L
2. LUECKER, Maria; e 1856 L
3. LUECKER, Margaretha; e 1856 L
4. LUECKER, Christoph; e 1856 L
5-9. MARTIN, J[ohann] Peter, supervisor, with w & 3 c; e ? L
10-13. JOHANN, Jakob, & family; e ? L

From: Pleizenhausen, Amt Simmern
To: Brazil

1. BAUERMANN, Michael; e 1827, S. Leopoldo A
2. BAUERMANN, Peter; e 1827, S. Leopoldo A
3. BAUERMANN, --; e 1846, S. Leopoldo A

From: Pleizenhausen, Amt Simmern
To: North America

1. ZILLIG, J[ohann] Adam, tailor, b 22 Jan 1844; e 1869 L
2-6. BRUCH, Johann, & family; e 1883 L

From: Rayerschied, Amt Simmern
To: South America

1. LEHNHARDT, Konrad, tailor, b 19 Apr 1838; e ? -

From: Wahlbach, Amt Simmern
To: Brazil

1. KIPPER, Mathias; e 1850, S. Cruz A
2. MUELLER, Leonhardt; e 1857, S. Cruz A
3. KIPPER, Johann; e 1859, S. Cruz A
4. KIPPER, Peter Franz, farmer, b 26 Jun 1802; e ? L
5. KIPPER, A[nna] Margareta, b FEY, b 1805; e ? L
6. KIPPER, Peter, b 17 Mar 1834; e ? L
7. KIPPER, Margareta, b 30 Jan 1850*; e ? L
   [* Birth date probably incorrect]
8. KIPPER, Jakob, b 16 Dec 1842; e ? L

2. Amt Gemuenden (Hunsrueck)

From: Town of Gemuenden (Hunsrueck)
To: Brazil

1-8. THEIS, Peter, veterinarian, with w Katharina THEIS, b WAGNER, & 6 c THEIS; returned from port of exit; e 1827 -
9-11. WILHELMY, Christian, carpenter, with w Charlotte WILHELMY, b GRUHN, & 1 c; e 1827 -
12-15. KLEID, Peter, with w & 2 c; e 1827 -
16-19. KOENIG, Paul, baker, with w & 2 c; e 1827 -
20. BAECKER, Adam, linen weaver; e 1827, left his wife behind, without children
(For the period 1828-1846 no emigration files were found.)
21. SCHNEIDER, Georg, blacksmith, b 26 Oct 1815; e 1847, took 600 Thaler with him -
22. SCHNEIDER, Katharina, b KURZ, w; e 1847 -
23. SCHNEIDER, Sus[anne] b 30 Apr 1840; e 1847 -
24. SCHNEIDER, Katharina, b 24 Apr 1842; e 1847 -
25. SCHNEIDER, Christ[ian? ianne?] b 1 Jun 1844; e 1847 -
26. BENDER, Friedrich, farmer, b 31 Mar 1809; e 1849 -
27. KAPPES, Philipp, wife of, b 11 Mar 1806; e 1849 -
28. KAPPES, Johann Ludwig, b 15 Jul 1836; 3 1849 -
29. KAPPES, Karoline, b 4 Dec 1838; e 1849 -
30. KAPPES, Katharina, b 4 Nov 1848; e 1849 -
31. BAUCH, Peter, b 1833; e 1856 via Antwerp to Rio [de Janeiro] -
32. BAUCH, Anna, b 1831; e 1856 via Antwerp to Rio [de Janeiro] -
33-38. SCHUCH, Karl, with w Sus[anne] 36 years old, & 4 c (1 boy & 3 girls); e 1857 (he had 900 Thaler with him) -
39. WEIRICH, Christian, b 1821; e 1857 via Bremen to Rio Grande [do Sul] taking 250 Thaler with him -
40. WEIRICH, Therese, b 1823; e 1857 -
41. WEIRICH, Margarete, b 1851; e 1857 -
42. WEIRICH, Friedrich August, b 1857; e 1857 -
43. FETT, Ernst Jakob, b 1810; e 1857 via Bremen to Rio Grande [do Sul] taking 1200 Thaler with him -
44. FETT, Margarete, b 1817; e 1857 -
45. FETT, Peter, b 1839, s; e 1857 -
46. FETT, Jakob, b 1841, s; e 1857 -
47. FETT, Christian, b 1844, s; e 1857 -
48. FETT, Friedrich, b 1847, s; e 1857 -
49. FETT, Karl, b 1849, s; e 1857 -
50. LUDWIG, Margarete, b 1834; e 1857 -
51. LANZ, Konrad, b 1814; e 1857 via Antwerp to Rio Grande [do Sul] -
52. LANZ, Christine, b 1815, w; e 1857 via Antwerp to Rio Grande [do Sul] -
53. ILGAR, Christian, b 1835, stepson of Konrad LANZ; e 1857 -
54. LANZ, Wilhelm, b 1842, s; e 1857* -
55. LANZ, Karl, b 1844, s; e 1857* -
56. LANZ, Konrad, b 1845; e 1857* -
57. LANZ, Christine, b 1846; e 1857* -
58. LANZ, Juliana, b 1847; e 1857* -
59. LANZ, Margaretha, b 1851; e 1857* -
60. LANZ, Heinrich, b 1854; e 1857* -
(*Special files make it possible that these persons emigrated in 1854.)
61. BENDER, Peter, b 1818; e 1858 via Hamburg to Rio Grande [do Sul] taking 300 Thaler with him -
62. BENDER, Margareta Sus[anne], b 1813, w; e 1858 via Hamburg to Rio Grande [do Sul] -
63. BENDER, Susanna, b 1849, d; e 1858 via Hamburg to Rio Grande [do Sul] -
64. KURZ, Peter, b 1795; e 1858 via Hamburg to Rio [de Janeiro] -
65. KURZ, Therese, b 1793, w; e 1858 via Hamburg to Rio [de Janeiro] -
66. PULLIG, Heinrich Peter, b ?; e 1858 to Rio [de Janeiro] -

67. PULLIG, --, b ? w; e 1858 to Rio [de Janeiro]
68. PULLIG, Anna, b 8 Feb 1847, d; e 1858 to Rio
69. PULLIG, Christoph, b 16 Nov 1849; e 1858 to Rio [de Janeiro]
70. PULLIG, Elisabeth, b 19 May 1851; e 1858 to Rio [de Janeiro]
71. PULLIG, Peter, b 16 May 1855; e 1858 to Rio [de Janeiro]
72. PULLIG, Katharina, b 2 Aug 1857; e 1858 to Rio [de Janeiro]

From: Town of Gemuenden (Hunsrueck)
To: United States of America

1. HAMMEL, Jakob, b 1832; e 1852
2. WIRTH, Eduard; e 1852
3. GERHARD, Fr[iedrich]; e 1852, taking 60 Thaler with him
4. OCHS, Ludwig; e 1852, taking 60 Thaler with him
5. HAMMEL, Leopold, b 1837; e 1852 taking 60 Thaler with him
6. STAUDT, Heinrich, b 1837; e 1853 taking 70 Thaler with him
7. LAHM, Jakob, b 1830, shoemaker; e 1853 taking 60 Thaler with him
8. WIRTH, Jakob, "without exit permit or passport"
9. KLEIN, Adam; e 1853 taking 80 Thaler with him
10. KLEIN, --, w; e 1853
11. HERMANN, Christina, b 1835, s of Nikolaus HERMANN; e 1853 taking 60 Thaler with him
12. WIRTH, Leopold; e 1853 taking 60 Thaler with him
13. FINZEL, Peter, b 1825; e 1853 taking 80 Thaler with him
14. KAPPES, Friedrich, b 1835; e 1853 taking 60 Thaler with him
15. DAMM, Wilhelm, b 1835; e 1853 taking 80 Thaler with him
16. GERHARD, Phil[ipp] baker and confectioner; e 1853
17-19. JAEGER, Johann Peter, with w & c; e 1854
20. VOGEL, Helene; e 1856 taking 80 Thaler with her
21. LOEB, Leopold; e 1856 taking 300 Thaler with him
22. KAPPES, Anna Katharina, widow, b 1810; e 1856 via London to New York taking 120 Thaler with her
23. KAPPES, Adam, b 1832; e 1856
24. OCHS, Ferdinand, b 1841; e 1856 with 60 Thaler travel money
25-29. OCHS, Jakob, with w & 3 c (1 boy & 2 girls); e 1857 taking 200 Thaler with them
30-36. HAMMEL, Peter, with w & 5 c (2 boys & 3 girls); e 1857 taking 400 Thaler with them
37-42. SCHNEEBERGER, b 1813, with w & 4 c (3 boys & 1 girl); e 1857 taking 100 Thaler with them
43. HAMMEL, Heinrich; e 1857
44-48. PETRY, Nikolaus, with w & 3 c (1 boy & 2 girls); e 1860 taking 3000 Thaler with them
49-54. AMBACH, Johann, with w & 4 c (1 boy & 3 girls); e 1860 taking 2000 Thaler with them
55. BURBACH, Peter; e 1860 taking 400 Thaler with him
56. SCHEU, Ludwig; e 1860 taking 200 Thaler with him
57. GERHARD, Friedrich; e 1861 taking about 400 Thaler with him
58. MARX, Joseph, b 28 Mar 1847, sales assistant; e 1864 taking 100 Thaler with him*
59. MEYER, Joseph, no profession; e 1864 taking to Thaler with him *
60. DAUM, Peter, b 5 Oct 1849, no profession; e 1864 taking 100 Thaler with him *
(*These three men emigrated without the help of a travel agent.)
61. WAGNER, J[ohann?] b 31 Oct 1848, no profession; e 1865
62. MARX, Franz, b 21 Dec 1807, merchant (probably the father of 58 above); e 1866
63. MARX, Johanna, b 16 Oct 1812, w; e 1866
64. MARX, Elisabeth, b 8 Jul 1849, d; e 1866
65. MARX, Nathan, b 17 Jun 1851, s; e 1866
66. MARX, Leopold, b 15 Oct 1853, s; e 1866
67. MARX, Salomon, b 25 Mar 1860, s; e 1866
68. STRAUSS, Christian, b 14 Floreal XIII,* merchant; e 1867 [*refers to the calendar of the French revolutionary period]
69. STRAUSS, Ros[alia?] Sal[ome?], w; e 1867
70. STRAUSS, Amalie, b 18 Jul 1846, d; e 1867
71. STRAUSS, Mina, b 29 Jan 1852, d; e 1867
72. STRAUSS, Anna, b 17 May 1854, d; e 1867
73. PETRY, Katharina, b 1849; e 1868 via Bremen to New York
74. FRANZMANN, Peter, b 3 May 1836, baker; e 1868
75. HERBIG, Jakob, b 1837, tailor; e 1869
76. SCHORNSHEIM, Ludwig Anton, b 7 May 1852, apprentice businessman; e 1870
77. ULLMANN, b 21 Nov 1854, apprentice businessman; e 1870 to New York [it is not clear whether New York refers to his birthplace or his destination]
78. WAGNER, Peter, b 28 Jan 1857; e 1871
79. NADIG, Philipp, b 29 Apr 1858; e 1873
80. HEBEL, Peter, b 22 Jul 1848, bookbinder; e 1875
81. BRUECK, Julius; e 1876
82. WAGNER, Abraham; e 1879
83. WERCKHAEUSER, Peter; e 1879
84. WIRTH, Josef; e 1879
85. ULLMANN, --, Frau; e 1880
86. ULLMANN, Ludwig, s; e 1880
87. HERRMANN, Jakob, b 29 Oct 1856; e 1882
88. HENRICH, Peter, b 18 Feb 1867, carpenter; e 1883
89. WIRTH, Karl, b 28 Mar 1868, no profession; e 1883
90. HERMANN, Peter, b 19 Sep 1866, baker; e 1883
91. PEITZ, Karl, b 23 Feb 1866, carpenter; e 1883
92. HERMANN, Johann, b 18 Mar 1862, bachelor, farmer; e 1887
93. PULLIG, Otto, b 8 Sep 1874, business assistant; e 1891
94. MAYER, Joseph, b 12 Apr 1873, business assistant; e 1893
95. HAMMEL, August, b 13 Jan 1879, no profession; e 1893
96. STEINES, Jakob, b 26 Jan 1866; e 1893

From: Town of Gemuenden (Hunsrueck)
To: England

1. KAPPES, Christoph, e 1855 taking 50 Thaler with him
2. KOENIG, Peter; e 1855 taking 80 Thaler with him
3. KOENIG, Philipp; e 1857 taking 600 Thaler with him
4. SCHORNSHEIM, Ferdinand Oskar, b 5 Oct 1845, soldier; e 1863 without assistance of a [travel] agent
5. ORLOB, Peter, b 26 Oct 1836, day laborer; e 1863 without assistance of a [travel] agent
6. GERHARD, Franz, b 10 Jan 1849, apprentice baker; e 1865 without assistance of [travel] agent
7. GREISER, Johann, b 5 Oct 1849, no profession; e 1865 without assistance of [travel] agent
8. LUDWIG, Chr[istian? istoph?] b 1 Oct 1848, no profession; e 1865 without assistance of [travel] agent
9. MOOG, Peter, b 13 Jun 1849, no profession; e 1865 to London without assistance of [travel] agent
10. GRUHN, Ernst, b 28 Apr 1849, no profession; e 1865 without assistance of [travel] agent
11. ALTSTAETTER, Chr[istian? istoph?] b 17 Jul 1842, baker; e 1868, London
12. PULLIG, Friedrich; e 1878 to London
13. PULLIG, Rudolf, b 21 Mar 1864; e 1881
14. BLEINES*, Christian, b 1 Apr 1856, baker (mason); e 1882 [*So spelled]
15. PLEINES*, Peter, b 31 Jul 1861, mason & baker; e 1883 [*So spelled]
16. MAY, Ernst, b 27 Aug 1867, plumber; e 1883
17. NADIG, Franz, 28 Oct 1866, clerk (carpenter?); e 1883
18. PULLIG, Joseph, b 15 Dec 1864; e 1883
19. SCHERER, Friedrich, b 29 Apr 1865; e 1883
20. FUCHS, Franz Jakob, b 12 Jun 1875; e 1883
21. PULLIG, Karl, b 20 Oct 1875; e 1890
22. PULLIG, Christoph, b 12 Mar 1883; e 1897
23. JUNG, Margarete, b BLEINES, b 7 Mar 1872; e 1902?

From: Town of Gemuenden (Hunsrueck)
To: Algiers

1. WAGNER, Chr[istian? istoph?] b 1798, shoemaker, Catholic; e 1843
2. WAGNER, --, b STILZ, b 1801, Catholic, w; e 1843
3. WAGNER, Elisabeth, b 1830, d, Catholic; e 1843
4. WAGNER, Margareta, b 1831, d, Catholic; e 1843
5. WAGNER, Christoph, b 1833, s, Catholic; e 1843
6. WAGNER, Friedrich, b 1833, s, Catholic; e 1843
7. WAGNER, Peter, b 1842, s, Catholic; e 1843

From: Bruschied, Amt Gemuenden (Hunsrueck)
To: Algiers

1-7. SCHMIDT, Conrad, widow of, and her 6 sons; e 1843 taking 3000 Thaler with them

8-12. HECKMANN, Nikolaus, with w, b ROERIG, and 3 c; e 1843

From: Bruschied, Amt Gemuenden (Hunsrueck)
To: North America

1. ALTMAYER, Johann Adam, b 1826, *Blaufaerber* [dyer], Catholic; e 1849
2. ALTMAYER, Heinrich, b 1831, farmer, Catholic; e 1849
3. WAGNER, Peter, b 1829, shoe repairman, Catholic; e 1849
4. WAGNER, Heinrich, b 1832, shoe repairman, Catholic; e 1849
5. ANTON, Peter, *alias* Conrad ENGBARTH, b 1832, shoe repairman, Catholic; e 1852
6. WAGNER, Mathias; e 1852
7. ALTMAYER, Nikolaus; e 1852 taking 60 Thaler with him
8. STAUDT, Johann, b 1828, bachelor; e 1852
9. MEINERT, Johan, b 1830; e 1854 taking 50 Thaler with him
10. MUELLER, Mathias; e 1854 taking 50 Thaler with him
11-15. STEIN, --, widow, and 4 sons; e 1854 taking 350 Thaler with them
16. GOETZ, Mathias, widow of, b 1 Aug 1808, no profession; e 1866
17. GOETZ, Johann, b 11 Mar 1846, s; e 1866
18. STAUDT, Johann, b 31 Aug 1856; e 1872
19. STEIN? Jakob; e 1878
20. MUELLER, Joseph, b 1 Aug 1859; e 1882
21. STAUDT, Nikolaus, b 20 May 1833; e 1886
22. STAUDT, Katharina, b 19 Nov 1837; e 1886
23. STAUDT, Nikolaus, b 20 Dec 1868; e 1886
24. STAUDT, Johann, b 15 Dec 1870; e 1886
25. STAUDT, Johann Mathias, b 24 Oct 1873; e 1886
26. STAUDT, Peter, b 6 Aug 1870 [might be incorrect]; e 1886
27. STAUDT, Joseph, b 27 Jul 1878; e 1886
28. STAUDT, Jakob, b 6 Nov 1875, no profession; e 1891
29. STEIN, Johann, b 12 Aug 1881; e 1896
30. STAUDT, Johann Peter, widow of; e 1897
31. WAGNER, Maria Christine, b 15 Mar 1835, widow; e 1897

From: Bruschied, Amt Gemuenden (Hunsrueck)
To: England

1. KLEIN, Adam, b 2 May 1857; e 1874
2. SCHUMMER, Johann, b 1 Aug 1850; e 1874
3. WIRTH, Karl Rudolf; e 1877 to London
4. STEIN, Jakob, b 6 Nov 1862; e 1878
5. ALTMAYER, Jakob; e 1878
6. STEIN, Peter; e 1879
7. STEIN, Johann, b 12 Aug 1881; e 1896

From: Bruschied, Amt Gemuenden (Hunsrueck)
To: France

1. DORNHARD, Michael; e ?

From: Gehlweiler, Amt Gemuenden (Hunsrueck)
To: Brazil

1. HERMANN, Eva; e ?
2. HERMANN, Margarete, ; e ?

From: Gehlweiler, Amt Gemuenden (Hunsrueck)
To: United States of America

1. WERKHAEUSER, Phil[ipp]; e 1851 taking 400 Thaler with him
2. WEYRICH, Peter; e 1852
3. WEYRICH, Christian, bachelor; e 1852
4. KREIN, Jakob, blacksmith; e 1852
5. KREIN, --, wife; e 1852
6. KREIN, Jakob, s; e 1852
7. KUHN, Jakob; e 1853 to New York taking 120 Thaler with him
8. KUHN, --, b MUENCH, w; e 1853 to New York
9. SCHNEIDER, Christian; e 1853 taking 60 Thaler with him
10. HORN, Jakob; e 1853 taking 70 Thaler with him
11. SCHMIDT, Jakob; e 1853 taking 60 Thaler with him

From: Gehlweiler, Amt Gemuenden (Hunsrueck)
To: England

1. WEIRICH, b 14 Jun 1865; e 1879
2. SCHMIDT, Karl, b 15 Jun 1867, miller from the Grohenmuehle; e 1883
3. ODENBREIT, Jakob, b 22 Jan 1867, shoemaker; e 1883

From: Gehlweiler, Amt Gemuenden (Hunsrueck)
To: Russian Poland

1-9. ODENBREIT, Wilhelm, with w & 7 c; e 1816

From: Hecken, Amt Gemuenden (Hunsrueck)
To: Brazil

1-8. ADAM, Johann Jakob, with w & 6 c (4 s & 2 d); e 1827
9. KELLER, Johann Nikolaus, b 13 Mar 1826; e 1861 taking 2000 Thaler with him
10. KELLER, --, b 28 Apr 1834, w; e 1861
11. KELLER, Johann Jakob, b 9 Jun 1852, s; e 1861
12. KELLER, Juliane, b 2 May 1859, d; e 1861

From: Hecken, Amt Gemuenden (Hunsrueck)
To: United States of America

1. BONN, Peter; e 1853 taking 100 Thaler with him

From: Henau, Amt Gemuenden (Hunsrueck)
To: Brazil

1. GRAMM, Peter, widower; e 1845 "for the purpose of settlement" *
2. GRAMM, --, grandson of above; e 1845*
3. GRAMM, Johann Jakob, son of #1 above; e 1845*
4. GRAMM, Heinrich P[eter], son of #1 above; e 1845*
5. GRAMM, --, w of #4 above; e 1845*
6-8. GRAMM, --, 3 c; e 1845 *
9-12. BURGER, Jakob, with w & 2 c; e 1845*
(*All twelve emigrants left without permission)

From: Henau, Amt Gemuenden (Hunsrueck)
To: United States of America

1-3. BOTTLINGER, Jakob, with w & 1 d; e 1852
4-6. WIRZIUS, Franz, with w & 1 d; e 1852
7. KIEFER, Maria Elisabeth; e 1853 taking 60 Thaler with her
8. BRUECK, Charlotte; e 1853 taking 60 Thaler with her
9. GRAMM, Franz Karl, b 25 Apr 1839, seed dealer; e 1868
10. RAUGUTH, Johann Peter, day laborer; e 1866
11. RAUGUTH, Johann Jakob, b 4 Brumaire XIII* [according to the calendar of the French revolution]; e 1866 taking 1000 Thaler with him
12. RAUGUTH, --, b RUHR, w; e 1866
13. RAUGUTH, Katharina, b 23 Jul 1846, d; e 1866
14. RAUGUTH, Phil[ippa?] b 30 Dec 1851, d; e 1866

From: Kellenbach, Amt Gemuenden (Hunsrueck)
To: Brazil

1-8. MOHR, Peter, tailor, and his w Elisabeth MOHR, b SAAM, & 6 c (2 boys & 4 girls); e 1827
9. SAAM, Elisabeth, b FEHLINGER, 75 years old, mother of Frau MOHR above; e 1827
(The Mohr family returned to Kellenbach that same year. According to a decision of the royal government, dated 29 Sep 1827, they were allowed to take up residence again in Kellenbach but were not allowed to be enrolled as subjects again, nor were they eligible for community welfare.)

From: Kellenbach, Amt Gemuenden (Hunsrueck)
To: United States of America

1. GERHARD, Johann, bachelor, farmer; e 1852 taking 60 Thaler with him
2. MUELLER, Friedrich Wilhelm; e 1856 taking 100 Thaler with him
3. BRONN, Peter; e 1856
4. BRONN, Katharina, b KREIN; e 1856
5. BRONN, Peter; e 1856
6. BRONN, Katharina; e 1856
7. BRONN, Elisabeth; e 1856
8. BRONN, Karoline; e 1856
9. BRONN, Jakob; e 1856
(Travel money had been sent to them by the husband and father, who was already in America.)
10. SCHERER, Jakob; e 1857 taking 100 Thaler with him
11. MARTIN, Philipp, b 28 May 1842, carpenter; e 1865
12. ZERFASS, Philipp, b 8 Sep 1849, farmer; e 1866
13. STAUER, Jakob, b 10 Feb 1848, apprentice carpenter; e 1867 taking 100 Thaler with him
14. STAUER, David, b 8 May 1850, apprentice carpenter; e 1867
15. WEINEL, Johann Peter, b 4 Jan 1845, carpenter; e 1868
16. CHRISTMANN, Johann, b 22 Sep 1866; no profession; e 1881

From: Kellenbach, Amt Gemuenden (Hunsrueck)
To: England

1. HENN, Karl, b 30 Apr 1873, miller; e 1890

From: Koenigsau, Amt Gemuenden (Hunsrueck)
To: Brazil

1. REICHERT, Margarete, b 1834; e 1854 to Rio Grande

From: Panzweiler, Amt Gemuenden (Hunsrueck)
To: Not stated

1. HERMANN, Jakob, b 1822, bachelor; e 1853
2. HERMANN, Christ[ian?] b 1835, bachelor; e 1853
3. KUNTZ, Jakob, b 29 Mar 1840, journeyman tailor; e 1867 taking 100 Thaler with him
4. HERMANN, Peter, bachelor, lathe operator; e 1837 [no explanation given as to why this emigrant listed out of chronological sequence]

From: Panzweiler, Amt Gemuenden (Hunsrueck)
To: England

1. LORENZ, Gustav, b 28 Feb 1882, journeyman baker; e 1889

From: Rohrbach, Amt Gemuenden (Hunsrueck)
To: United States of America

1. LAND, Diel; e 1852
2. LAND, --, b 1833, s; e 1852
3. LAND, --, b 1851*, d; e 1852
  (*This birthdate may be in error, as it seems unlikely that there should be such a large difference in the ages of the son and daughter.)
5. LAND, Franz Jakob, b 1831; e 1853 via Antwerp to New York taking 300 Thaler with him
6. LAND, Katharina, b 1823, w; e 1853 ditto
7. LAND, Peter, b 1850, s; e 1853 ditto
8. LAND, Nikolaus, b 1815, brother; e 1853 ditto
9. LAND, Elisabeth, b 1852, d of #8 above; e 1853 ditto
10. SPREIER, Franz; e 1853 taking 400 Thaler with him
11-16. SPREIER, --, sons?; e 1853
17. LAND, Jakob; e 1853 taking 200 Thaler with him
18. SPREIER, Conrad, b 1795; e 1853 via Antwerp to New York, taking 200 Thaler with him
19. SPREIER, Maria Elisabeth, b 1795, w; e 1853, ditto
20. SPREIER, Elisabeth, b 1832, d; e 1853 ditto

From: Rohrbach, Amt Gemuenden (Hunsrueck)
To: England

1. WIESS, Jakob, b 29 Jun 1865; e 1882
2. WIESS, Adam, b 28 Sep 1872; e 1889

From: Schlierschied, Amt Gemuenden (Hunsrueck)
To: England

1. SCHUG, Georg, b 10 Aug 1866; e 1882

From: Schneppenbach, Amt Gemuenden (Hunsrueck)
To: Algiers

1-3. KONRAD, Carl, with w & c; e 1843
4. FRIUL, Mathias (second name illegible), bachelor; e 1843
5. FRIUL, Johann, bachelor; e 1843
6. KONRAD, Jakob, bachelor; e 1843*
7. FRIUL, Eva, unmarried; e 1843*
  (*Officials denied these two persons permission to emigrate on the grounds that they were minors; as a consequence, they emigrated with the others without permission.)

From: Schneppenbach, Amt Gemuenden (Hunsrueck)
To: Brazil

1. FUCK, Leonhard, b 6 Feb 1834; e 1861 taking 300 Thalers with him
2. FUCK, Marie Luise, b PETRY, b 26 May 1836, w; e 1861
3. FUCK, Luise, b 13 Oct 1860, [d?]; e 1861
4. STEIN, Jakob, b 3 Jun 1820; e 1861 taking 200 Thaler with him
5. STEIN, Maria Anna, b PETRY, b 10 Mar 1828, w; e 1861
6. STEIN, Matthias, b 24 Jan 1834, s*; e 1861 [*Birthdate may be incorrect, if this is a son, as stated]
7. PETRY, Mathias, b 13 Oct 1830; e 1861
8. PETRY, Klara, b 20 Apr 1840, w; e 1861
9. PETRY, Johann, b 13 Sep 1860, s; e 1861
10. STAUDT, Mathias, b 14 Mar 1834; e 1861
11. HORN, Heinrich, b 15 Apr 1806; e 1861 taking 1000 Thaler with him
12. HORN, Maria, b STEIN, b 28 Jul 1825; e 1861
13. HORN, Christine, b 27 May 1845, d; e 1861
14. HORN, A[nna] Maria, b 19 Jun 1848, d; e 1861
15. HORN, Katharina, b 23 Feb 1852, d; e 1861
16. HORN, Heinrich, b 25 Oct 1854, s; e 1861
17. HORN, Margarete, b 27 Oct 1857, d; e 1861
18. HORN, Karl, b 23 Mar 1861, s; e 1861
19. HECKMANN, Johann Nikolaus, b 15 Feb 1827; e 1862 taking 600 Thaler with him
20. HECKMANN, Katharina, b FEY, b 22 Oct 1831, w; e 1862
21. HECKMANN, Johann, b 4 Mar 1862, s; e 1862
22. FEY, Mathias, b 22 Jun 1817; e 1862
23. FEY, Katharina, b SCHAPPERT, b 24 Jun 1830, w; e 1862
24. FEY, Maria Anna, b 9 Jan 1851, d; e 1862
25. FEY, Johann Nikolaus, b 19 Oct 1852, s; e 1862
26. FEY, Katharina, b 16 Oct 1855, d; e 1862
27. FEY, Karl, b 28 Apr 1860, s; e 1862
28. FUCK, Johann Jakob, b 16 Oct 1811; e 1862 taking 380 Thaler with him
29. FUCK, A[nna] Maria Elisabeth, b DAEMGEN, b 10 Aug 1812, w; e 1862
30. FUCK, Johann Jakob, b 19 May 1837, s; e 1862
31. FUCK, Louise, b 14 Mar 1840, d; e 1862
32. FUCK, Johanna, b 18 Jun 1845, d; e 1862
33. FUCK, Nikolaus, b 29 Apr 1852, s; e 1862
34. FUCK, Leonhard, b 15 Aug 1812, brother of #28 above; e 1862
35. KLINGELS, Johann Jakob, b 23 Oct 1846, no profession; e 1863

From: Schneppenbach, Amt Gemuenden (Hunsrueck)
To: England

1. PETRY, Jakob, b 19 Mar 1851, no profession; e 1866
2. STEIN, Johann, b 30 Aug 1851, no profession; e 1866

3. WERB, Nikolaus, b 19 Jul 1851, no profession; e 1866
4. MARX, Johann Adam; e 1869
5. KLINGELS, Johann Jakob, b 12 Mar 1859; e 1875
6. PETRY, Adam, b 5 Dec 1860, baker; e 1876
7. PETRY, Johann, b 31 Mar 1856; e 1876
8. CONRAD, Johann, baker; e 1876
9. STAUDT, Joseph; e 1879
10. HECKMANN, Ph[ilipp]; e 1880
11. FEY, --; e 1880
12. STAUDT, Heinrich, b 21 Oct 1866, farmer; e 1881
13. FEY, Jakob, b 6 Apr 1866; e 1882
14. STAUDT, Wilhelm; e 1885
15. STEIN, Johann; e 1885
16. STEIN, Nikolaus, b 20 Apr 1872, farmer; e 1888
17. STAUDT, Peter, b 5 Aug 1871, farmer; e 1888
18. FEY, Jakob, b 8 Oct 1875; e 1892
19. STAUDT, Joseph, b 28 Apr 1872, builder of mills; e 1892
20. STAUDT, Johann Jakob, b 28 Aug 1879, day laborer; e 1892

From: Schneppenbach, Amt Gemuenden (Hunsrueck)
To: North America

1. PEITZ, --, s of supervisor [Vorsteher]; e 1852
2. STEIN, Jakob; e 1852 taking 60 Thaler with him
3. SCHMIDT, Christoph, shoemaker; e 1852 (it is also possible that he could have emigrated to Brazil)
4. MARX, Jakob; e 1853
5. PEITZ, Elisabeth; e 1853 taking 60 Thaler with her
6. LOESCH, Ph[ilipp], b 1811; e 1854
7. LOESCH, Magdalene, b 1823, w; e 1854
8. LOESCH, Katharina, b 1841, d; e 1854
9. LOESCH, Peter, b 1844, s; e 1854
10. LOESCH, Anna Margarete, b 1845, d; e 1854
11. LOESCH, Christian, b 1845, s; e 1854
12. RECH, Johann Thomas, b 3 Feb 1827, slate roofer; e 1854 taking 250 Thaler with him
13. WEINERT, Elisabeth, b 11 May 1835; e 1854
14. WEINERT, Jakob, b 16 Sep 1836; e 1854
15. WEINERT, Nikolaus, b 13 Sep 1841; e 1854
16. WEINERT, Katharina, b 23 Jul 1844; e 1854
17. WEINERT, Louise, b 16 Aug 1847; e 1854
18. WEINERT, Karl, b 1 Nov 1852; e 1854
19. BACKES, Conrad; e 1862 taking 1000 Thaler with him
20. URBAN, Jakob, carpenter; e 1882
21. SCHOEN, Adam, carpenter; e 1882
22. PETRY, Johann, b 6 Mar 1872, factory laborer; e 1890

From: Schneppenbach, Amt Gemuenden (Hunsrueck)
To: Australia

1. FEY, Peter, b 28 Jun 1860, baker; e 1887

From: Schwarzerden, Amt Gemuenden (Hunsrueck)
To: Brazil

1. HOLLER, Johann Philipp, b 7 Dec 1797, farmer; e 1849
2. HOLLER, Julie, b HENZ, b 22 Aug 1810, w; e 1849
3. HOLLER, Peter, b 4 Aug 1838, s; e 1849
4. HOLLER, Friedrich Philipp, b 4 Feb 1841, s; e 1849
5. HOLLER, Johann, b 7 Jul 1844, s; e 1849
6. HOLLER, Susanna Juliane, b 20 Jun 1847, d; e 1849
7. HEINZ, Louise, b PETRY (widow of Diel HEINZ), b 1789, mother-in-law of #1; e 1849
[Note difference in spelling surname of #2 and #7]
8. HOLLER, Johann Philipp; e 1849

From: Schwarzerden, Amt Gemuenden (Hunsrueck)
To: North America

1. HOLL (or HALL), Philipp; e 1849
2-6. UNKNOWN (The names are not given in the official records, but probably refers to HOLL (or HALL) family members. The statistical records of the mayor's office reflect only the emigration of Holl, plus one other male over 14 years, two males under 14 years, 1 female over 14 years, and 1 female under 14 years. The family took 700 Thaler with them.)
7. HEIP, Heinrich Jakob; e 1852
8. HEIP, --, w; e 1852
9. HEIP, Jakob, b 1831, s; e 1852
10. HEIP, Margarethe, b 1834, d; e 1852
11. HEIP, Katharina, b 1840, d; e 1852
12. HEIP, Elisabeth, b 1844, d; e 1852
13. HEIP, Susanna, b 1848, d; e 1852
14. KLEIN, Johann Peter; e 1853 taking 60 Thaler with him
15. SCHMIDT, Franz Konrad; e 1853 taking 60 Thaler with him
16. HEINZ, Georg; e 1853 taking 60 Thaler with him
17. STEFFEN, Mathias; e 1853 taking 60 Thaler with him
18. HENRICH, Philipp; e 1853 taking 60 Thaler with him
19. LAHM, Peter; e 1853 taking 60 Thaler with him
20. KLEIN, Philipp; e 1854 taking 80 Thaler with him
21. KULLMANN, Reinh[ard? old?]; e 1855 taking 1200 Thaler with him
22-30. UNKNOWN (The statistical records of the mayor's office in Gemuenden reflect the fact that a number of additional persons, probably KULLMANN family members, emigrated in 1855.)
31. KUHN, Jakob; e 1856
32. ZIMMERMANN, Susanne, married woman; e 1856 taking 800 Thaler with her [probably the wife of Jakob KUHN]
33. KUHN, Elisabeth, d; e 1856
34. KUHN, Juliane Katharina; e 1856 [relationship of #34 to other KUHN family members not given]
35-37. CONRAD, Franz, & 2 female family members; e 1857 taking 250 Thaler with them
38. SAAM, Elisabeth, b 1836; e 1838, via London to New York
39-42. PAUL, Johann Peter, plus 1 male and 2 female family members; e 1858 taking 250 Thaler with them
43. JAEGER, Johann Jakob, b 3 Feb 1825; e 1871
44. JAEGER, Elisabeth, b RAUSCHENBACH, b 19 May 1830, w; e 1871
45. JAEGER, Elisabeth, b 24 Mar 1859; e 1871
46. JAEGER, Katharina, b 16 May 1861; e 1871
47. JAEGER, Maria, b 16 Apr 1863; e 1871
48. JAEGER, Jakob, b 12 Feb 1866; e 1871
49. JAEGER, Johann, b 14 Aug 1868; e 1871

50. BRUST, Katharina, b MAEHRINGER, widow, b 12 Apr 1820; e 1872   -
51. BRUST, Adam, b 29 Dec 1850, s; e 1872   -
52. BRUST, Wilhelm, b 3 Aug 1853, s; e 1872   -
53. BRUST, Johann, b 6 Dec 1858, s; e 1872   -
[Adam Brust is shown as a day laborer.]

From: Schwarzerden, Amt Gemuenden (Hunsrueck)
To: England

1. WICKERT, Philipp, b 19 Apr 1848, no profession; e 1864 taking 60 Thaler with him (according to permit of 18 Feb 1865 he was allowed to return to Germany)   -
2. WICKERT, Jakob, baker; e 1869   -
3. WICKERT, Peter, b 14 Sep 1845, apprentice baker; e 1870   -

From: Sohrschied, Amt Gemuenden (Hunsrueck)
To: North America?

1. FRANZ, Nikolaus; e 1852   -
2. FRANZ, --, w; e 1852   -
3. FRANZ, Elisabeth, 13 years old, d; e 1852   -
4. FRANZ, Peter, 11 years old, s; e 1852   -
5. FRANZ, Christian, 6 years old, s; e 1852   -

3. Amt Kastellaun

From: Town of Kastellaun, Amt Kastellaun
To: Russian Poland

1-3. STEFFEN, Peter, with w & 1 c; e 1816   L

From: Town of Kastellaun, Amt Kastellaun
To: Dutch colonies [no further identification]

1. PETERS, Johann; e 1826   L

From: Town of Kastellaun, Amt Kastellaun
To: Brazil

1. KARR, H[einrich?] Jakob, b 29 Aug 1814, cabinetmaker; e 1845   L
2. KARR, Sophie, b 18 Jan 1832, d; e 1845   L
3. KARR, H[einrich?] Jakob, b 5 Dec 1845, s; e 1845   L
4. KARR, Johann Konrad, b 16 Jun 1785, cabinetmaker; e 1845   L
5. KARR, Sophie, b MUELLER, b 1795, w; e 1845   L
6. KARR, Karoline, b 26 Apr 1823, d; e 1845   L
7. KARR, Jakob Karl, b 14 Sep 1825, s; e 1845   L
8. KARR, Agnes, b 14 Apr 1828, d; e 1845   L
9. KARR, Franziska Karoline, b 12 Mar 1840, d; e 1845   L
10. JAHN, Joseph, b 9 Feb 1814, day laborer; e 1845   L
11. JAHN, Anna Dorothea, b GEISS, b 1812; e 1845   L
12. STAEFFLER III, Christian, b 16 Oct 1805, day laborer; e 1845   L
13. STAEFFLER III, Katharina, b HASSELBACH, b 1794, w; e 1845   L
14. STAEFFLER III, Anna Katharina, b 16 Apr 1828, d; e 1845   L
15. STAEFFLER III, Johann Philipp, b 26 Sep 1834, s; e 1845   L
16. STAEFFLER III, Dorothea, b 11 Apr 1838, d; e 1845   L
17. WAGNER, Johann Christ[ian?] b 31 Jul 1797; e 1845   L
18. WAGNER, Maria El[isabeth] b 1804, w; e 1845   L
19. WAGNER, Sophie K[aroline?] b 3 Feb 1833, d; e 1845   L
20. WAGNER, Sibilla K[aroline?] b 14 Apr 1837, d; e 1845   L
21. WAGNER, Elisabeth Katharina, b 7 Sep 1834, d; e 1845   L
22. MARX, Heinrich Jakob, b 30 Apr 1801; e 1845   L
23. MARX, --, b BOERSCH? b 1802, Catholic, w; e 1845   L
24. MARX, Magdalena, b 10 Nov 1829, d; e 1845   L
25. MARX, Anna Dorothea, b 23 Apr 1832, d; e 1845   L
26. MARX, Maria Magdalena, b 11 Sep 1837, d; e 1845   L
27. BREUER, Michael, b 1 Jan 1804, day laborer; e 1845 [destination not certain]   L
28. BREUER, Mar[gareta?] Katharina, b ROOS, b 1808, w; e 1845   L
29. BREUER, Katharina, b 19 Aug 1831, d; e 1845   L
30. BREUER, Maria, b 28 Oct 1840, d; e 1845   L
31. HASSELBACH, Johann Jakob, b 16 Jan 1808; e 1845 [destination not certain]   B
32. ASSMANN, Johann, herder; e 1846   B
33. ASSMANN, Anna Elisabeth, b NIKODEMUS, b 1796, w; e 1846   B
34. ASSMANN, Johann Peter, b 9 Dec 1820, s; e 1846   B
35. ASSMANN, Christoph, b 14 Feb 1823, s; e 1846   B
36. ASSMANN, Elisabeth -- Maria Margareta, b 23 Aug 1828, d; e 1846   B
37. ASSMANN, Maria Katharina, b 9 Apr 1835, d; e 1846   B
38. ASSMANN [there appears to be a name missing, or #36 is actually two persons]
39. IMIG, Johann Peter, b 4 Apr 1802; e 1846   B
40. IMIG, Mar[gareta?] Christ[ine?], b WAGNER, b 1809, w; e 1846   B
41. IMIG, Johann Philipp, b 23 Jan 1829, s; e 1846   B
42. IMIG, Elisabeth, b 6 Nov 1832, d; e 1846   B
43. IMIG, Maria Katharina, b 28 Jan 1836, d; e 1846   B
44. IMIG, Heinrich, b 13 Feb 1838, s; e 1846   B
45. IMIG, Philipp Chr[istian?] b 16 Jun 1840, s; e 1846   B
46. ROTHHAAR, Christoph; e 1846   B
47. ROTHHAAR, --, b SCHNEIDER, w; e 1846   B
48. ROTHHAAR, Johann Friedrich, b 31 Oct 1826, s; e 1846   B
49. ROTHHAAR, Helene, b 13 Nov 1829, d; e 1846   B
50. ROTHHAAR, Emile, b 11 Jun 1831, d; e 1846   B
51. ROTHHAAR, Klara, b 28 Jan 1832, d; e 1846   B
52. ROTHHAAR, Johann Karl, b 5 Jun 1835, s; e 1846   B
53. ROTHHAAR, Christoph, b 8 Jan 1841, s; e 1846   B
54. STAEFFLER, Christian, b 15 Dec 1815, shoe repairman; e 1846   B
55. STAEFFLER, Maria Luise, b BENDER, b 1820, w; e 1846   B
56. STAEFFLER, Jakob, b 14 May 1842, s; e 1846   B
57. STAEFFLER, Christina, b 12 May 1845; e 1846   B
58. KARR, Nikolaus Friedrich, b 17 Dec 1810, tailor; e 1846   B
59. KARR, Maria Elisabeth, b RAU, b 1816, w; e 1846   B

60. KARR, Katharina, b 28 Jul 1841, d; e 1846 B
61. KARR, F[riedrich?] W[ilhelm?] Reinh[ard?], b 25 May 1843, s; e 1846 B
62. KARR, Henr[ich?] Phil[ipp] b 2 Jul 1845, s; e 1846 B
63. JACOBS, Johann Philipp, b 5 Apr 1817; e 1846 B
64. JACOBS, Katharina, b SCHMAUS, b 1817, w; e 1846 B
65. JACOBS, Anna Maria, b 3 May 1841, d; e 1846 B
66. JACOBS, Wilhelmine, b 23 Jun 1844, d; e 1846 B
67. MILCHSACK, Johann Christ[ian?] b 30 Jan 1809; e 1846 B
68. MILCHSACK, Katharina, b SIMON, b 1811, w; e 1846 B
69. MILCHSACK, Sus[anna] Katharina, b 25 May 1832, d; e 1846 B
70. MILCHSACK, Christine, b 18 Apr 1835, d; e 1846 B
71. MILCHSACK, Friedrich, b 25 Jun 1838, s; e 1846 B
72. MILCHSACK, Mar[gareta?] Katharina, b 3 Aug 1840, d; e 1846 B
73. MILCHSACK, Anna Mar[gareta?] b 10 Jul 1844, d; e 1846 B
74. THEISSEN, Johann Peter, b 1810; e 1857, Rio Grande do Sul B
75. THIESSEN, Sophie, b 1809, w; e 1857, Rio Grande do Sul B
76. THIESSEN, Josephine, b 1855, d; e 1857, Rio Grande do Sul [b 1835 correct?] B
77. THIESSEN, Philipp, b 1838, s; e 1857, Rio Grande do Sul B
78. THIESSEN, Therese, b 1844, d; e 1857, Rio Grande do Sul B
79. THIESSEN, Peter, b 1847, s; e 1857, Rio Grande do Sul B
80. THIESSEN, Ignaz, b 1851, s; e 1857, Rio Grande do Sul B

From: Town of Kastellaun, Amt Kastellaun
To: America

1-3. WEIH, Nikolaus, with family; e 1845 B
4. SCHAEFER, J[ohann] Friedrich, b 17 May 1823, bachelor, businessman; e 1847 B
5. GEIS, Heinrich Peter, b 26 Jun 1813, watchmaker and bookbinder; e 1847 B
6. GEIS, Katharina, b ORTH, b 1807, w; e 1847 B
7. GEIS, Christian Jakob, b 6 Sep 1841, s; e 1847 B
8. GEIS, Jul[ius?] Wilh[elm?], 24 Oct 1842, s; e 1847 B
9. JAKOBS, Jakob, b 13 Apr 1825, farmer; e 1849 B
10. JAKOBS, Peter Joseph, b 25 Dec 1830, saddler; e 1849 B
11. JAKOBS, Charlotte, b 24 Jan 1823; e 1845 [emigration date possibly should be 1849] B
12. JAKOBS, Mar[gareta?] Magdalena, b 22 Oct 1828; e 1849 B
13. CLAUS, Philipp, b 14 Jan 1825, cutler; e 1849 B
14. CLAUS, Anna Katharina, b 1 Feb 1830, sister; e 1849 B
15. BARTZ, Daniel, b 1826, tanner [Rotgerber]; e 1851 B
16. BARTZ, Dorothea, b SCHLARB, b 1831, w; e 1851 B
17. KNEBEL, Heinrich Peter, b 17 Aug 1824, blacksmith, bachelor; e 1850 [emigration date incorrect?] B
18. MAGNUS, Karl, b 10 Feb 1824, bachelor, butcher; e 1851 B
19. MAGNUS, Elisabeth, b 5 Sep 1831, unmarried, day laborer; e 1851 B
20. ROSENBERGER, Johann, b 1 Apr 1817, bachelor, day laborer; e 1851 B
21. WAGNER, Anna Elisabeth, b 1819, unmarried, day laborer; e 1851 B
22. SCHWEIG, Moritz Ludwig, b 15 Apr 1825, clothmaker; e 1851 B
23. SCHWEIG, Math[ilde] Wilh[elmine] b MAGNUS, b 30 Sep 1831, w; e 1851 B
24. MAGNUS, Karl, b 1790, butcher; e 1851 B
25. MAGNUS, Anna Maria, b CASPER, b 1794, w; e 1851 B
26. MAGNUS, Julianna, b 1834, d; e 1851 B
27. HASSELBACH, Friedrich, b 13 Sep 1826, bachelor, saddler; e 1851 B
28. LEITERSDORF, Joseph, b 21 May 1833, bachelor, no profession; e 1852 B
29-36. ROOS, Karl, b 20 Nov 1810, with w & 6 c; e 1853 B
37-41. KARR, Heinrich, with w & 3 c; e 1853 B
42. BENDER, Heinrich, b 29 Jan 1805, day laborer; e 1853 B
43. BENDER, Anna Maria, b FREISS, b 1800, w; e 1853 B
44. BENDER, H[einrich] Adam, c; e 1853 B
45. BENDER, A[nna] Margareta, d; e 1853 B
46. BENDER, Juliana, d; e 1853 B
47. BENDER, Friedrich, s; e 1853 B
48-51. ROOS, Wilhelm, with w & 2 c; e 1853 B
52. MOERSCH, David, b 22 Feb 1817, day laborer; e 1853 B
53. MOERSCH, Friederike, b MICHEL, b 1812, w; e 1853 B
54. MOERSCH, Christian, b 5 Dec 1842, s; e 1853 B
55. MOERSCH, Katharina, b 16 Sep 1844, d; e 1853 B
56-58. MOERSCH, --, 3 c of David MOERSCH [who apparently did not accompany them]; e 1853 B
59-65. RAU, Johann, with w & 5 c; e 1853 B
66-69. MARHOFER, Philipp, with w & 2 c; e 1853 B
70-71. MARHOFER, Katharina, & d; e 1853 B
72. WAHL, Bernhard, b 1817, tailor; e 1853 B
73. WAHL, Margareta Elisabeth, b CLAUS, b 1812, w; e 1853 B
74-76. WAHL, --, 3 c of the above, among whom was Johann, b 28 Aug 1843; e 1853 B
77-81. SCHWERDLING, Peter, with w & 3 c; e 1853 B
82-87. STAEFFLER, Michael, with w & 4 c; e 1853 B
88-92. HECKMANN, Philipp, with w & 3 c; e 1853 B
93-95. BALTHES, Friedrich, with w & 1 c; e 1853 B
96. ROOS, David; e 1853 B
97. ROOS, Katharina; e 1853 B
98. ROOS, Luise; e 1853 B
99. SCHWERDLING, Johann; e 1853 B
100. GELLER, Katharina; e 1853 B
101. BUTZ, Michael, baker, with family; e 1861, New Orleans B
102. BAUER, P. J., farmer; e 1861, New Orleans B
103. KIMPEL, Konrad, b 19 Mar 1829, "a rotten individual"; e 1861 B
104. KELLER, Elisabeth, b 1843; e 1864, New York B
105. ZEPHIR? Wilh[elm] b 1850, no profession; e 1865, New York B

106. MARX, Katharina; e 1865, New York — B
107. MEINERZ, Peter, b 7 Mar 1854, butcher; e 1872 — B
108. JAHN, Sus[anna] b WELCHES; e 1872 — B
109. JAHN, Karl; e 1872 — B
110. JAHN, Johann J., b 1 Aug 1850; e 1872 — B
111. JAHN, Joseph, b 11 Nov 1853, no profession; e 1872 — B
112. MEINERZ, Johann Clem[ent?] b 25 Mar 1842, butcher; e 1872, Milwaukee — B
113. MEINERZ, Anna Margareta, b DOHR, b 21 Mar 1843, w; e 1872, Milwaukee — B
114. MEINERZ, H[einrich?] Clem[ent?], b 12 Jul 1870, s; e 1872, Milwaukee — B
115. PUHL, Peter, b 9 Feb 1861; e 1875 — B
116. KRAEMER, Carl Chr[istian?] b 17 Jan 1861; e 1875 — B
117. KOHR, Peter, b 19 Mar 1860; e 1875 — B
118. EICHHORN, Katharina, b 1862; e 1880 — B
119. BROD, P[eter?] Joseph, businessman & restaurateur, b 17 Jun 1849; e 1882 — B
120. BROD, Katharina, b LIESENFELD, b 15 Sep 1851; e 1882 — B
121. BROD, Johann Peter, b 14 Apr 1873; e 1882 — B
122. BROD, Johann, b 19 Dec 1877; e 1882 — B
123. BROD, Joseph, b 16 Jun 1879; e 1882 — B
124. BROD, Peter, b 10 Oct 1881; e 1882 — B
125. KRAEMER, Wilhelm Joseph, b 10 Aug 1868; e 1883 — B
126. ZEPHIR, Karl, b 8 Aug 1862, Evang[elical Lutheran]; e 1883 — B
127. SCHMIDT, F[riedrich?] Chr[istian?] b 22 Jun 1866, Ev[angelical Lutheran] pharmacist's assistant; e 1890 — B

From: Town of Kastellaun, Amt Kastellaun
To: England

1. KIEFER, Peter, b 24 Aug 1848, Catholic, baker; e 1872 — B
2. PUHL, Peter, b 9 Feb 1861, no profession; e 1875 — B
3. KRAEMER, Ludwig, baker; e 1875 — B
4. KRAEMER, Karl Christoph; e 1875 — B
5. ZIMMER, Friedrich A., b 27 Nov 1851; e 1877 — B
6. LOREY, Heinrich, b 25 Jul 1851, baker; e 1878 — B
7. PUHL, Karl, b 14 Jun 1885, Catholic, baker's apprentice; e 1901 — B
8. PUHL, Peter, b 9 Jul 1891, Catholic, baker's apprentice; e 1906 — B

From: Alterkuelz, Amt Kastellaun
To: Brazil

1. MICHEL, Peter; e 1828, Neuhamburg — AB
2. MENG, H[einrich?] Peter; e 1835, Montenegro — AB
3. KOHR II, Jakob, b 5 Sep 1800, wagoner; e 1835, Montenegro — AB
4. KOHR II, Anna Maria, b KLASS, w; e 1835, Montenegro — AB
5. KOHR II, Katharina, b 1843, d; e 1835, Montenegro — AB
6. KAUER, Johann Adam, farmer & linen weaver; e 1848 — B
7. KAUER, Elisabeth, b HOTTENBACHER, b 1808, w; e 1848 — B
8. KAUER, H[einrich?] Peter, b 5 Jul 1842, s; 1848 — B
9. KAUER, Anna Margareta, d; e 1848 — B
10. KAUER, M[aria] Margareta, b 7 Sep 1847; e 1848 — B
11. MICHEL, Adam, b 30 Jan 1829, stepson of #6 above; e 1848 — B
12. MICHEL, J[ohann] Peter, b 2 Sep 1831, stepson of #6 above; e 1848 — B
13. KAUER, Elisabeth, b 17 Oct 1828, sister of #6 above; e 1848 — B

From: Alterkuelz, Amt Kastellaun
To: North America

1. PEUTER, Friedrich, b 2 Mar 1800, nail smith; e 1852 — B
2. PEUTER, M[aria] Margareta, b LENHARD, b 1807, w; e 1852 — B
3. PEUTER, J[ohann] Adam, b 26 Jun 1838, s; e 1852 — B
4. PEUTER, M[aria] Margareta, b 15 Apr 1840, d; e 1852 — B
5. PEUTER, M[aria] Katharina, b 4 Oct 1842, d; e 1852 — B
6. IMIG, H[einrich?] Peter, b 15 Apr 1808; e 1852 [German text states 1952 but this is obviously in error] — B
7. IMIG, Anna Katharina, b GEWEHR, b 1816, w; e 1852 — B
8. IMIG, H[einrich?] Peter, b 6 Jul 1841, s; e 1852 — B
9. IMIG, Katharina, b 13 Nov 1843, d; e 1852 — B
10. IMIG, Mar[gareta?] Elisabeth, b 1 Jun 1846, d; e 1852 — B
11. IMIG, Adam, b 18 May 1851, s; e 1852 — B
12. IMIG, Mar[ia] Margareta, b 31 Jul 1848*; e 1852 [*Either #11 or #12 has incorrect birth year, because out of sequence] — B
13. HEISS, Eva, b 1834; e 1852 — B
14. KOHR II, Jakob, b 1808, wagoner; e 1852 — B
15. KOHR II, M[aria] Katharina, b KELLER, w; e 1852 — B
16. KOHR, Katharina, b 1843; e 1852 — B
17. KOHR, Magdalena, b 1848; e 1852 — B
18. SCHNEIDER, Maria Magdalena, b 1827; e 1867 — B
19. SCHNEIDER, Maria Magdalena, b 1850; e 1867 — B
20. LUDWIG, Anna Katharina, b 1843; e 1867 — B

From: Alterkuelz, Amt Kastellaun
To: England

1. KOHR, --, b 14 Mar 1856, baker; e 1873 — B
2. KOHR, Peter, b 19 Mar 1875, baker's apprentice; e 1875 — B
3. KOHR, J[ohann] Nikolaus, b 10 Mar 1862, no profession; e 1877 — B

From: Bell, Amt Kastellaun
To: Brazil?

1. BENDER, Peter, b 22 Jun 1805; e 1846 — B
2. BENDER, Katharina, b MEURER, b 1824, w; e 1846 — B
3. BENDER, M[aria] Katharina, b 28 Oct 1827; e 1846 — B
4. BENDER, Anna Margareta, b 12 Jan 1829; e 1846 — B
5. BENDER, Anna Katharina, b 25 Aug 1831; e 1846 — B
6. BENDER, Johann Peter, b 28 Jun 1836; e 1846 — B
7. BENDER, Jakob, b 26 Aug 1845; e 1846 — B
8-12. STAUDT, Joseph, Catholic, with family; e 1857, S. Leopoldo — AB

From: Bell, Amt Kastellaun
To: America?

1. BOHN, Konrad, b 11 Jan 1812, farmer; e 1852 B
2. BOHN, Mar[ia?] Magdalena, w; e 1852 B
3-7. BOHN, -- five children; e 1852 B
8. VOGT, Heinrich, b 10 Feb 1789; e 1852 B
9. VOGT, Jul[ianna?] M[aria?] b EMMEL, b 14 Mar 1791; e 1852 B
10. WEBER, Peter, b 17 F'b 1830, nail smith; e 1852 B
11. WEBER, Anna Katharina, b PEUTER, b 9 May 1825; e 1852 B
12. LAUX, David; e 1853 L
13. BAUER, Johann Peter; e 1854 B
14. SCHNEIDER, Franz, b 1798; e 1856, New York B
15. SCHNEIDER, Franz Ad[olph?] b 1830; e 1856, New York B
16. SCHNEIDER, Anna Margareta, b 1834; e 1856, New York B
17. SCHNEIDER, Friedrich David, b 1839; e 1856, New York B
18. SCHNEIDER, Anna Katharina, b 1845; e 1856, New York B
19. BRAUN, Johann Adam, e 1857, New York B
20. LENHARDT, Peter, b 1845, farmer; e 1872, New York B
21. LENHARDT, Maria Margareta, b 1845, w; e 1872, New York B
22. LENHARDT, Peter, b 1871; e 1872, New York B

From: Beltheim, Amt Kastellaun
To: Brazil

1. SCHNORR, Philipp, b 17 Feb 1813, farmer; e 1846 B
2. SCHNORR, Anna Katharina, b EBERHARD, w; e 1846 B
3. SCHNORR, Peter, b 1836, s; e 1846 B
4. SCHNORR, Johann, b 1840, s; e 1846 B
5. SCHNORR, Schwickert, b 25 Aug 1803, farmer; e 1846 B
6. SCHNORR, Anna Margareta, b SABEL, b 1811, w; e 1846 B
7. SCHNORR, Johann, b 13 Jul 1831, s; e 1846 B
8. SCHNORR, Peter, b 2 Feb 1838, s; e 1846 B
9. SCHNORR, Gertrude, b 16 Apr 1842, d; e 1846 B
10. SCHNORR, Elisabeth, b 4 Nov 1844, d; e 1846 B
11. SCHMOLL, Johann, b 29 May 1816, farmer; e 1846 B
12. SCHMOLL, Anna, b LIESENFELD, b 1816, w; e 1846 B
13. SCHMOLL, Anna Maria, b 2 Feb 1845, d; e 1846 B
14. FISCHER, J[ohann?] Joseph, b 22 Mar 1817, farmer; e 1846 B
15. FISCHER, Anna Gertrud, b EBERHARD, b 1818, w; e 1846 B
16. FISCHER, Anna Maria, b 13 Mar 1843, d; e 1846 B
17. FISCHER, Gertrud, b 4 Feb 1845, d; e 1846 B
18. BECKER, Anton, b 1 Feb 1816, farmer; e 1846 B
19. BECKER, Anna Margareta, b KURZ, b 1822, w; e 1846 B
20. BECKER, Anton, b 21 Aug 1842, s; e 1846 B
21. BECKER, Katharina, b 1 Nov 1844; e 1846 B
22. SCHWAB, J[ohann] Jakob, b 11 Apr 1801, farmer; e 1846 B
23. SCHWAB, Margareta, b BRAUN, b 1802, w; e 1846 B
24. SCHWAB, Anna Margareta, b 4 May 1825, d; e 1846 B
25. SCHWAB, P[eter?] Joseph, b 14 Jan 1828, s; e 1846 B
26. SCHWAB, Philipp, b 26 Jul 1830, s; e 1846 B
27. SCHWAB, Anna, b 9 Oct 1832, d; e 1846 B
28. SCHWAB, M[aria] Barbara, b 18 Jan 1837, d; e 1846 B
29. SCHWAB, Gertrude, b 2 Feb 1842, d; e 1846 B
30. WEILER, Philipp, b 8 Dec 1804; e 1846 B
31. WEILER, Margareta, b KLEIN, b 1808, w; e 1846 B
32. WEILER, Johann, b 3 Dec 1832, s; e 1846 B
33. WEILER, J[ohann] Peter, b 21 Se 1834, s; e 1846 B
34. WEILER, Katharina, b 9 Jul 1836, d; e 1846 B
35. WEILER, Joseph, b 17 May 1839, s; e 1846 B
36. GRAEF, Johann, b 28 Oct 1825, bachelor; e 1846 B
37. EBERHARD, Franz, b 23 Oct 1824, bachelor; e 1846 B
38. WAGNER, Michel, b 19 Dec 1812, tailor; e 1847 B
39. WAGNER, Katharina, b LEHNERT, b 1813, w; e 1847 B
40. WAGNER, Peter, b 22 May 1829, s; e 1847 B
41. WAGNER, Katharina, b 16 Nov 1837, d; e 1847 B
42. WAGNER, Johann, b 9 Jul 1842, s; e 1847 B
43. WAGNER, Michel, b 5 Mar 1844, s; e 1847 B
44. LEHNERT, Elisabeth, b GRAEF; e 1847 B
45. OLBERMANN, P[eter] Joseph, b 24 Oct 1828, bachelor, shoe repairman; e 1847 B
46. FUEHR, Peter, b 1825; e 1857, Rio Grande AB
47. FUEHR, A[nna] Mar[ia?], b 1828; e 1857, Rio Grande AB
48. FUEHR, Peter, b 1855; e 1857, Rio Grande AB
49. FUEHR, Sus[anna] b 1854; e 1857, Rio Grande AB
50. FUEHR, A[nna] Mar[ia?], b 1857; e 1857, Rio Grande AB
51. HEIKMANN, And[reas?] b 1833; e 1857, Rio Grande AB
52. GRAEF, Jakob, b 1837; e 1857, Rio Grande AB
53. ODY, Barbara; e 1860 B
54. ODY, Philipp, die caster [Sandformer]; e 1860 B
55. ODY, M[aria] Katharina, b 14 Apr 1839; e 1861 B
56. ODY, Margareta, b 17 Feb 1843; e 1861 B
57. ODY, P[eter] Joseph, b 11 Apr 1845; e 1861 B
58. ODY, J[ohann] Peter, b 12 Apr 1848; e 1861 B
59. POERSCH III, Johann, b 14 Feb 1833, day laborer; e 1861 B
60. POERSCH III, Katharina, b ODY, b 18 Dec 1834, w; e 1861 B
61. PIES, Jakob, b 11 Sep 1845, farmer; e 1885 B
62. PIES, Anna, b MUELLER, b 5 Feb 1847, w; e 1885 B
63. PIES, Jakob, b 13 Sep 1874, s; e 1885 B
64. PIES, Johann, b 21 Jan 1876, s; e 1885 B
65. PIES, Peter, b 17 Sep 1877, s; e 1885 B

From: Beltheim, Amt Kastellaun
To: North America

1. WAGNER, J[ohann] Joseph, b 2 Aug 1815, farmer; e 1852 B
2. WAGNER, Eva, b LAMBY, b 1831, w; e 1852 B
3. WAGNER, Johann, b 24 Jun 1842, s; e 1852 B
4. WAGNER, Anna, b 10 Oct 1846, d; e 1852 B
5. WAGNER, J[ohann] Joseph, b 11 Jan 1851, s; e 1852 B
6. HELLEN, Johann, b 2 Aug 1831, cabinetmaker; e 1852 B
7. SCHMOLL, Philipp, day laborer; e 1854 B
8. PETRY, Anna Maria; e 1857 B
9. PETRY, Katharina; e 1857 B

10. HEKMANN* --; e 1857 B
    [*So spelled; probably HECKMANN is correct]
11. GEWEHR, Johann, b 1830; e 1857, New York B
12. GEWEHR, Anna, b GRAEFF, b 1830; e 1857, New York B
13. GEWEHR, Maria, b 1850, c; e 1857, New York B
14. GEWEHR, Johann, b 1853, c; e 1857, New York B
15. GEWEHR, --, b 1856; e 1857, New York B
16. SCHMOLL, --, widow; e 1858 B
17. SCHMOLL, Johann; e 1858 B
18. OLBERMANN, P[eter] Joseph, b 3 Dec 1844; e 1858 B
19. BLAES, Franz, b 4 Oct 1810; e 1860 B
20. BLAES, M[aria] Katharina, b WEBER, w; e 1860 B
21. BLAES, J[ohann] Adam, b 8 Apr 1838, s; e 1860 B
22. BLAES, Peter, b 7 Dec 1841, s; e 1860 B
23. BLAES, Johann, b 1 Aug 1846, s; e 1860 B
24. BLAES, Philipp, b 11 May 1855, s; e 1860 B
25. BLAES, Joseph, b 22 Jan 1857, s; e 1860 B
26. BLAES, Margareta, b 2 Oct 1836, d; e 1860 B
27. BLAES, Maria, b 8 Oct 1839, d; e 1860 B
28. BLAES, Elisabeth, b 27 Jul 1844; e 1860 B
29. BLAES, Maria Margareta, b 19 May 1847, d; e 1860 B
30. HECKMANN, M[aria] Katharina, b 9 Sep 1794, widow; e 1860 B
31. HECKMANN, Anna Maria, b 14 Aug 1833, d; e 1860 B
32. GRAEFF III, Peter, b 4 Apr 1799; e 1860 B
33. GRAEFF III, Anna, b GRAEF* b 20 Feb 1805, w; e 1860 [* So spelled] B
34. GRAEFF III, Peter, b 17 Jun 1834, s; e 1860 B
35. GRAEFF III, Margareta, b 14 Feb 1837, d; e 1860 B
36. GRAEFF III, P[eter] Joseph, b 13 Jan 1840, s; e 1860 B
37. BRAUN, J[ohann] Peter, b 4 Oct 1853; e 1881 B
38. GRAEF, Peter, b 2 May 1853; e 1881, Chicago B
39. KNEIP, Josef, b 25 Oct 1854; e 1881 B
40. GRAEF, Philipp, b 11 Sep 1864, blacksmith; e 1882 B
41. BRAUN, Johann, b 27 Sep 1864, sawyer; e 1882 B
42. NICK, Joseph Matthaeus, b 31 Dec 1866, tailor; e 1885 B
43. OLBERMANN, J[ohann] Peter, b 18 Feb 1848, Catholic, carpenter; e 1885 B
44. OLBERMANN, Elisabeth, b BLAES, b 27 Jul 1844, Catholic, w; e 1885 B
45. OLBERMANN, Elisabeth, b 8 May 1873, d; e 1885 B
46. OLBERMANN, Margareta, b 25 Dec 1875, d; e 1885 B
47. OLBERMANN, Johann, b 29 Jul 1877, s; e 1885 B
48. OLBERMANN, Anna, b 17 Nov 1881, d; e 1885 B
49. OLBERMANN, Joseph, b 11 Jan 1884, s; e 1885 B
50. LAMBY, Peter, b 15 Nov 1872, bachelor; e 1889 B
51. SCHMAUS, Joseph, b 28 Jan 1873, bachelor; e 1890 B
52. SCHMAUS, Johann, b 19 May 1874, bachelor, shoemaker; e 1891 L
53. GRAEF, A[nna] Maria, b 7 Oct 1868, unmarried, b 1892 L

From: Buch, Amt Kastellaun
To: Brazil

1. BURG, --; e 1829 A
2. FERST? --; e 1845 A
3. WERMANN, --; e 1845 A
4. GOERGEN, J[ohann?]; e 1846 B
5. MUELLER, Joseph; e 1846 A
6. EICH, Johann; e 1851 A
7. SCHMITZ, Peter, b 1811; e 1856 A
8. ADAMS, Johann; e 1857 AB
9. RIES, Cornelius, b 1809; e 1857 AB
10. RIES, Maria Margareta, b 1815, w; e 1857 AB
11. RIES, Anna M[aria] b 1836, d; e 1857 AB
12. RIES, Elisabeth, b 1838; d; e 1857 AB
13. RIES, M[aria] Margareta, b 1845, d; e 1857 AB
14. RIES, M[aria] Anna, b 1851, d; e 1857 AB
15. RIPPEL, P[eter] Joseph; e 1857 A
16. RUWER, Peter, b 1814; e 1857 B
17. RUWER, Anna Maria, b 1818, w; e 1857 B
18. RUWER, M[aria] Margareta, b 1838; e 1857 B
19. RUWER, Joseph, b 1850, s; e 1857 B
20. RUWER, Peter, b 1852, s; e 1857 B
21. RUWER, Johann, b 1854, s; e 1857 B
22. SCHMITZ, Elisabeth, b 1813, w of #6 [but #7 is probably meant!]; e 1857 B
23. SCHMITZ, Joseph, b 1847, s; e 1857 B
24. SCHMITZ, Elisabeth, b 1851, d; e 1857 B
25. SCHMITZ, Johann Peter, b 1853, s; e 1857 B
26. RITTER, A[nna] Maria, b 1831; e 1857 B
27. WICKERT, P[eter] Johann, b 1813; e 1857 B
28. WICKERT, Anna Maria, b 1818, w; e 1857 B
29. WICKERT, M[aria] Margareta, b 1840, d; e 1857 B
30. WICKERT, Katharina, b 1843, d; e 1857 B
31. WICKERT, Peter, b 1846, s; e 1857 B
32. WICKERT, Franz Joseph, b 1851, s; e 1857 B
33. WICKERT, Anna Maria, b 1854, d; e 1857 B
34. HUMMES, Johann Joseph, b 1813; e 1857 B
35. HUMMES, Mar[ia?] Anna, b 1813, w; e 1857 B
36. HUMMES, Johann Joseph, b 1838, s; e 1857 B
37. THOMAS, A[nna] Maria, b 1837; e 1857 B
38. MIOTT? Maria; e 1857 B
39. WEINAND, Kaspar; e 1872 A
40. BECKER, Katharina, b GOERGEN, b 1 Jan 1838; e 1896 L
41. BECKER, J[ohann] Peter, b 22 May 1878, bachelor, shoemaker; e 1896 L
42. BECKER, Anton Joseph, b 6 Jan 1883; e 1896 L
43. HASTENPFLUG, --; e ? A
44. KOCHHANN, Johann P[eter]; e ? A

From: Buch, Amt Kastellaun
To: America

1. THOMAS, Johann Joseph, b 12 Feb 1843, farmer; e 1872 [destination uncertain] L
2. THOMAS, --, b ZIMMER, b 30 Jul 1846; e 1872 [destination uncertain] L
3-6. ZIMMER, J[ohann] Peter, with family; e 1886 L
7. PHILIPPSEN, P[eter] Joseph; e ? L
8. SCHEID, Jakob, b 1 Mar 1870, bachelor, cabinetmaker; e 1894 L

From: Corweiler, Amt Kastellaun
To: Brazil

1. NICOLAI, Jakob; e 1846 B

2. MEURER, P[eter] Joseph; e 1846 B
3. MEURER, Anna, b LIESENFELD; e 1846 B
4. MEURER, M[aria] Elisabeth, b 17 May 1842;
    e 1846 B
5. MEURER, J[ohann] Peter, b 31 May 1845;
    e 1846 B
6. ADAMS, J[ohann] Peter, b 1829; e 1857 B
7. ADAMS, A[nna] Maria, b 1794; e 1857 B

From: Corweiler, Amt Kastellaun
To: North America

1. WAGNER, Joseph, farmer; e 1857 B
2-4. MUELLER, Johann, with family; e 1857 B
5. POERSCH, Peter, b 13 Sep 1862, Catholic,
    bachelor, farm hand; e 1886 B

From: Crastel, Amt Kastellaun
To: Brazil

1. SCHNEIDER, Georg P[eter]; e 1846 B
2. HAMANN, Georg Peter; e 1846 B

From: Crastel, Amt Kastellaun
To: North America

1. JACOBS, Peter, b 13 Oct 1834; e 1852 B
2. LEUX, Philipp Peter; e 1854 B
3. WENDLING, Elisabeth Maria; e 1854 B

From: Dorweiler, Amt Kastellaun
To: Brazil

1. ETGES, J[ohann] Peter; e 1856 A

From: Dorweiler, Amt Kastellaun
To: Java

1. KELLNER, J[ohann] Peter, b 7 Sep 1862;
    e 1881 B

From: Dorweiler, Amt Kastellaun
To: America

1. BORN, J[ohann] Joseph, b 3 Aug 1854, far-
    mer, Catholic; e 1886 B
2. BORN, Christina, b WAGNER, b 25 Nov 1857,
    w; e 1886 B
3. BORN, Philipp, b 23 Dec 1881, s; e 1886 B
4. BORN, Nikolaus, b 31 Oct 1883, s; e 1886 B
5. BORN, Jakob, b 20 Nov 1885, s; e 1886 B

From: Ebschied, Amt Kastellaun
To: Brazil

1. PLATTEN, Peter, b 1779, day laborer; e 1827 B
2. PLATTEN, Gertrude, b WILL, b 1796; e 1827 B
3. PLATTEN, --, b 1821; e 1827 B
4. PLATTEN, --, b 1823; e 1827 B
5. PLATTEN, --, b 1825; e 1827 B
6. MOHR, Franz, b 6 Apr 1803, farmer; e 1846 B
7. MOHR, Gertrude, b PHILIPPS, b 1802, w;
    e 1846 B
8. MOHR, Susanne, b 11 Jan 1822, d; e 1846 B
9. MOHR, Peter, b 23 Jun 1827, s; e 1846 B
10. MOHR, Katharina, b 20 Apr 1830, d; e 1846 B
11. MOHR, Gertrude, b 29 Mar 1835, d; e 1846 B
12. MOHR, Franz, b 18 Jan 1837, s; e 1846 B

13. MICHEL, Peter; e 1855, S. Leopoldo AB

From: Frankweiler, Amt Kastellaun
To: America

1. HOLL, J[ohann] Peter, b 20 Mar 1801, day
    laborer; e 1852 B
2. HOLL, M[aria] Katharina, b THEISEN, b 1816,
    w; e 1852 B
3. HOLL, Anna, b 1 Mar 1836, d; e 1852 B
4. HOLL, Katharina, b 30 Sep 1843, d; e 1852 B
5. HOLL, P[eter] Joseph, b 24 Aug 1846, s;
    e 1852 B
6. HOLL, A[nna] Maria, b 23 Jan 1849, d; e 1852 B
7. HOLL, Johann Peter, b 6 May 1851, s; e 1852 B
8. SCHMIDT, P[eter] Joseph; e 1854 [destination
    uncertain] B
9. ADAMS, Matthias, b 3 Dec 1834; e 1857 B
10. NICK, Johann, 23 Jun 1841, cabinetmaker;
    e 1867 B
11. CHRIST, Simon, b 23 Mar 1839, farmer; e 1884 B
12. CHRIST, Elisabeth, b NICK, b 25 Jul 1850;
    e 1884 B
13. NICK? Elisabeth, b 20 Dec 1874; e 1884 B
14. NICK? Anton, b 15 Jul 1882; e 1884 B
    [German text reads "N. children;" it may be
    that their surname was CHRIST, instead]
15. ADAMS, Johann, b 16 Nov 1863, cabinetmaker;
    e 1882 B
    [No indication given as to why this emigrant
    shown out of sequence; it is possible that
    the emigration year is incorrect.]

From: Frankweiler, Amt Kastellaun
To: Brazil

1. SCHMIDT, Johann, b 8 May 1858, cabinet-
    maker's apprentice; e 1875 B
2. GRAEF, J[ohann] Peter, b 17 Nov 1846, far-
    mer; e 1875 B
3. LIESENFELD, Peter, b 29 Dec 1858, Catholic,
    farmer; e 1883 B
4. LIESENFELD, A[nna] Maria, b 23 Mar 1870;
    e 1883 B

From: Gammelshausen, Amt Kastellaun
To: America

1. LICHTWEISS, Josef, b 29 Jul 1868, business-
    man; e 1883 B

From: Gammelshausen, Amt Kastellaun
To: Brazil

1. GEWEHR, Kastor, farmer; e 1860 B
2. KUELZER, Kastor; e 1860 B
3. KUELZER, Peter Joseph; e 1847 [destination
    uncertain] B
4. KUELZER, Katharina, b BRAHN, w; e 1847
    [destination uncertain] B
5. KUELZER, Johann, b 11 Oct 1840, s; e 1847,
    [destination uncertain] B
6. KUEZLER, Peter, b 26 Mar 1843, s; e 1847
    [destination uncertain] B

From: Goedenroth, Amt Kastellaun
To: Brazil?

1. EV, J[ohann] Friedrich, b 11 Nov 1809, car-
    penter; 1846 B

2. EV, A[nna] Maria, b IMIG, b 1812, w; e 1846 B
3. EV, Elisabeth, b 6 Jul 1810*, d; e 1846 B
   [birthdate obviously incorrect; possibly 1840 is meant]
4. EV, Friedrich, b 1 Jul 1842, s; e 1846 B
5. EV, Karl, b 19 Jul 1844, s; e 1846 B

From: Goedenroth, Amt Kastellaun
To: America

1. SCHNEIDER, P[eter] Friedrich, b 22 May 1824, farmer; e 1853 B
2-5. HEINZ, Konrad, cabinetmaker, with family; e 1854 B
6-9. WERNER II, Peter, farmer, with family; e 1854 B
10. MICHEL, Nikolaus; e 1856 B
11. HEES, A[nna] Katharina; e 1856 B
12. MUENCH, Margareta; e 1856 B
13. MUENCH, J[ohann] Peter, b 1850, farmer; e 1868 B
14. REUTHER, Georg, b 30 Sep 1846, Ev[angelical Lutheran] farmer; e 1886 B
15. REUTHER, Phil[ippa?] Katharina, b HEES, b 28 Aug 1847, w; e 1886 B
16. REUTHER, Peter, b 16 Oct 1875, s; e 1886 B
17. REUTHER, Katharina, b 29 Jul 1877, d; e 1886 B
18. REUTHER, Jakob, b 15 Dec 1879, s; e 1886 B
19. REUTHER, Wilhelm, b 24 Dec 1882, s; e 1886 B

From: Hasselbach, Amt Kastellaun
To: Brazil

1. SCHNEIDER, Mar[ia] Margareta, b LENHARDT, b 1816?; e 1846 [destination uncertain] B
2. SCHNEIDER, Friedrich, b 1844?; e 1846 B
3. MARKS, Phil[ipp]; e 1851 A

From: Hasselbach, Amt Kastellaun
To: America

1. LENHARD, Friedrich; e 1854 B
2. MERG, Peter; e 1857 [destination uncertain] B
3. LENHARD, Franz, b 8 Feb 1830, tailor; e 1868 B
4. LENHARD, M[aria] Katharina, b THREIS, b 20 Apr 1829, w; e 1868 B
5. LENHARD, Franz, b 26 Oct 1860, s; e 1868 B
6. LENHARD, Mar[ia] Margareta, b 22 Dec 1863, d; e 1868 B
7. LENHARD, Mar[ia] Katharina, b 7 Aug 1837; e 1868 B

From: Heyweiler, Amt Kastellaun
To: Brazil

1. DIETER, J[ohann] Adam, b 23 Apr 1804; e 1846 B
2. DIETER, Katharina, b PFEFFER, b 1815, w; e 1846 B
3. DIETER, J[ohann] Adam, b 6 Apr 1823, s; e 1846 B
4. DIETER, J[ohann] Hermann, b 6 Jan 1828, s; e 1846 B
5. DIETER, M[aria] Barbara, b 1831, d; e 1846 B
6. DIETER, M[aria] Katharina, b 30 Jan 1833, d; e 1846 B
7. DIETER, H[einrich] Peter, b 25 Dec 1837, s; e 1846 B
8. DIETER, Friedrich, b 9 Mar 1845, s; et 1846 B
9. DIETER, Peter, b 4 Dec 1840, s; e 1846 B

10. DIETER, David, b 20 Sep 1845; e 1846 B
    [It appears that the birthdates for the last three children may be incorrect.]
11. DORR, Friedrich, b 11 Nov 1803; e [not given] B
12. DORR, Katharina, b LIESENFELD, b 1808, w; e [not given] B
13. DORR, Katharina Wilhelmine, b 27 Jun 1831, d; e [not given] B
14. DORR, Friedrich Wilhelm, b 5 Feb 1838, s; e [not given] B
15. DORR, Karoline Luise, b 27 Nov 1841, d; e [not given] B
16. DORR, Franz Adam, b 5 Nov 1844, s; e [not given] B
17. GIESEL, Joseph, b 22 Aug 1807; e 1846 B
18. GIESEL, M[aria] Barbara, b BAUER, b 1815, w; e 1846 B
19. GIESEL, M[aria] Katharina, b 8 Nov 1833, d; e 1846 B
20. GIESEL, Friedrich, b 29 Aug 1839, s; e 1846 B
21. GIESEL, M[aria] Elisabeth, b 21 Dec 1841, d; e 1846 B
22. GIESEL, Joseph, b 26 Jul 1843, s; e 1846 B
23. BAUER, J[ohann] Nikolaus, b 22 Dec 1823, bachelor; e 1846 B

From: Heyweiler, Amt Kastellaun
To: North America

1. LIESENFELD, Philipp Adam, b 20 Mar 1816, day laborer; e 1852 B
2. LIESENFELD, Julianna, b BOOS, b 1816, w; e 1852 B
3. LIESENFELD, A[nna] Maria, b 8 May 1840, d; e 1852 B
4. LIESENFELD, A[nna] Katharina, b 7 Nov 1842, d; e 1852 B
5. LIESENFELD, Peter, b 29 Feb 1846, s; e 1852 B
6. LIESENFELD, Katharina, b 1851, s; e 1852 B
7. SCHNEIDER, Friedrich, b 22 Aug 1832, farmer; e 1855 B
8. SCHNEIDER, Katharina, b 30 Jan 1826, d; e 1855 B

From: Hollnich, Amt Kastellaun
To: Brazil

1. PRINZ, Nikolaus, b 19 Jul 1799, carpenter; e 1847 B
2. PRINZ, Margareta, b MEYER, b 1810, w; e 1847 B
3. PRINZ, Niklaus, b 28 Jun 1841, s; e 1847 B
4. PRINZ, M[aria] Katharina, b 8 Feb 1845, d; e 1847 B
5. PRINZ, Adam, b 7 Mar 1846, s; e 1847 B
6-13. MERG, J[ohann] Adam, b 7 Aug 1822, with family; 1866 [destination uncertain] AB

From: Hollnich, Amt Kastellaun
To: America?

1. PRINZ, Karl, b 3 Feb 1814, carpenter; e 1851 B
2. PRINZ, Sophie, b LUDWIG, b 1819, w; e 1851 B
3. PRINZ, Friedrich, b 1844, s; e 1851 B
4. PRINZ, Franziska, b 1845, d; e 1851 B
5. PRINZ, M[aria] Katharina, b 1847, d; e 1851 B
6. PRINZ, Nikolaus, b 5 Apr 1779, carpenter; e 1851 B
7. PRINZ, Margareta, b ALT, b 1786; e 1851 B
8. SCHNEIDER, J[ohann] Nikolaus, b 8 Dec 1833, bachelor; e 1851 B

9. SCHNEIDER, Karl Philipp, linen weaver; e 1854 B
10. SCHNEIDER, A[nna] Margareta, b REUTER, w; e 1854 B
11. SCHNEIDER, A[nna?] Phil[ippa?] b 1853; e 1854 B
12. HEILES, A[nna] Katharina, b 5 Apr 1828; e 1857 B
13-16. SCHNEIDER, Urban, with family; e 1858 B

From: Hundheim, Amt Kastellaun
To: Brazil

1. STEIN, Thomas; e 1846 A
2. KNEBEL, Franz Adam; e 1855 B
3-6. HOETZ, H[einrich] Peter, with family; e 1857 B
7. PETRY, Peter, farmer; e 1859, Rio B
8. PETRY, Katharina, w; e 1859, Rio B
9. PETRY, Peter, s; e 1859, Rio B
10. PETRY, Mar[ia] Lis[ette?]; e 1859, Rio B
11. PETRY, Anna Katharina, d; e 1859, Rio B
12. PETRY, Maria, d; e 1859, Rio B
13. PETRY, Maria Margareta, mother of #7; e 1859, Rio B
14. PETRY, Franz Adam; e 1859 B
15. PETRY, Anna Maria, w; e 1859 B
16. PETRY, Franz Adam, [possibly] brother of #7; e 1859 B
17. KNEBEL, Maria Elisabeth, married woman; e 1859 B
18. KNEBEL, Peter, s; e 1859 B
19. KNEBEL, Maria Margareta, d; e 1859 B
20. STALTER, Johann; e 1861 A

From: Hundheim, Amt Kastellaun
To: America

1. WEIN, Philipp, day laborer; 1852 B
2. WEIN, Maria Eva, b BLAWER?, w; e 1852 B
3. WEIN, Philipp, b 1836, s; e 1852 B
4. WEIN, Friedrich, b 1843; e 1852 B
5. CLAAS, Peter; e 1857 [destination uncertain] B

From: Leideneck, Amt Kastellaun
To: Brazil

1. MOEBUS, Christian, b 24 Mar 1805; e 1846 B
2. MOEBUS, M[aria] Katharina, b MICHEL, b 1802, w; e 1846 B
3. MOEBUS, Christian, b 23 May 1830, s; e 1846 B
4. MOEBUS, M[aria] Margareta, b 17 Feb 1834, d; e 1846 B
5. MOEBUS, A[nna] Maria, b 20 Oct 1836, d; e 1846 B
6. MOEBUS, A[nna] Katharina, b 16 Apr 1841, d; e 1846 B
7. SCHMIDT, Philipp Peter, b 18 Apr 1807, bachelor; e 1846 B
8. MICHEL, M[aria] Margareta, b 8 Jan 1821, unmarried; e 1846 B
9. JOHANN, J[ohann] Peter, b 18 Aug 1813, bachelor; e 1846 B
10. MICHEL, J[ohann] Peter, b 9 May 1817; e 1846 B
11. MICHEL, A[nna] Katharina, b PEITER, b 1818, w; 1846 B
12. MICHEL, Friedrich, b 30 Nov 1843, s; e 1846 B
13. MICHEL, Adam, b 17 Jul 1833; e 1846 B
14. MICHEL, H[einrich] Peter, b 14 Mar 1793, father of #10; e 1846 B
15. KLEIN II, Peter, b 24 Feb 1815; e 1846 B
16. KLEIN II, M[aria] Elisabeth, b PEITER, b 1812, w; e 1846 B

17. KLEIN, M[aria] Katharina, b 28 Feb 1842, d; e 1846 B
18. KLEIN, A[nna] Julianna, b 22 Dec 1843; e 1846 B
19. KLEIN, Friedrich, b 5 Oct 1845, s; e 1846 B
20. JOHANN, Philipp, b 1 Mar 1814; e 1846 B
21. JOHANN, Margareta, b STEFFENS, b 1813, w; e 1846 B
22. JOHANN, Johann[a] Katharina, b 13 Nov 1841, d; e 1846 B
23. JOHANN, A[nna] Margareta, b 20 Jul 1843, d; e 1846 B

From: Leideneck, Amt Kastellaun
To: North America

1. JOHANN, Philipp, mason; e 1854, Ohio B
2. JOHANN, M[aria] Barbara, b DIEL, w; e 1854, Ohio B
3. JOHANN, A[nna] Maria, b 1 Oct 1827, d; e 1854, Ohio B
4. JOHANN, A[nna] Katharina, b 29 Apr 1830, d; e 1854 B
5. JOHANN, Johann, b 4 Feb 1832, s; e 1854, Ohio B
6. JOHANN, A[nna] Margareta, b 19 Mar 1836, d; e 1854, Ohio B
7. JOHANN, M[aria] Margareta, b 14 Jan 1838, d; e 1854, Ohio B
8. JOHANN, M[aria] Barbara, b 27 Feb 1840, d; e 1854, Ohio B
9. JOHANN, J[ohann] Peter, b 29 Sep 1843, s; e 1854, Ohio B
10. JOHANN, A[nna] Margareta, b 28 Aug 1852, d; e 1854, Ohio B
    [Two daughters of the same name?]
11. HOFFMANN, Philipp Peter; e 1854 B
12. KILTZER, A[nna] Maria, b 1815, day laborer; e 1855, New Orleans V
13. KILTZER, Katharina, baby; e 1855, New Orleans V
14. DIEL, --; e 1855, New Orleans B
15. LENHARD, Friedrich; e 1857 -
16. JOHANN, Johann, b 1832; e 1859 B
17. JOHANN, A[nna] Katharina, b 1835; e 1859 B

From: Mannebach, Amt Kastellaun
To: Brazil

1. LINDEN, P[eter] Joseph, b 9 Jun 1840, farmer; e 1873 B
2. KEMMER, Jakob, b 25 Feb 1855, saddler & paperhanger; e 1875 B

From: Mannebach, Amt Kastellaun
To: North America

1. BENDER, J[ohann] Peter, b 3 Oct 1825, farmer; e 1857 B
2. ETZKORN, Johann; e 1857 B
3. BENDER, A[nna] Maria, b LICHT; e 1857 B
4. MUELLER, Jakob, farmer & restaurateur; e 1858 B
5. MUELLER, Margareta, d; e 1858 B
6. MUELLER, Katharina, d; e 1858 B
7. SCHMOLL, Johann, farmer; e 1858 B
8. SCHMOLL, Margareta, w; e 1858 B
9. MUELLER, Michael, farmer; e 1872 B
10. MUELLER, Katharina, b HOFF, b 7 Mar 1825, w; e 1872 B
11. HOFF, Jakob, b 1 Mar 1854, s; e 1872 B

12. HOFF, Michael, b 2 Aug 1856, s; e 1872 B
13. HOFF, Anton, b 26 Sep 1858, s; e 1872 B
14. HOFF, Anna, b 4 May 1861, d; e 1872 B
15. HOFF, Nikolaus, b 10 Oct 1863, s; e 1872 B
[German text says "H. children" and consequently they are listed under Hoff here; however, it may be that their correct surname is MUELLER.]

From: Michelbach, Amt Kastellaun
To: Brazil

1. MIESENICH, J[ohann] Nikolaus, b 30 Jan 1808; e 1846 B
2. MIESENICH, --, b SCHNEIDER, b 1817, w; e 1846 B
3. MIESENICH, Katharina, b 8 May 1835, d; e 1846 B
4. MIESENICH, M[aria] Anna, b 23 Jan 1838, d; e 1846 B
5. MIESENICH, M[aria] Elisabeth, b 29 May 1841, d; e 1846 B
6. MIESENICH, Gertrude, b 19 Apr 1844, d; e 1846 B
7. WILBERT, J[ohann] Michel, b 6 Apr 1802; e 1846 B
8. WILBERT, A[nna] Maria, b MORSCH, b 1810, w; e 1846 B
9. WILBERT, A[nna] Katharina, b 5 Feb 1837, d; e 1846 B
10. WILBERT, A[nna] Gertrude, b 25 Nov 1840, d; e 1846 B
11. WILBERT, M[aria] Magdalena, b 16 Jan 1843?; e 1846 B
12. SCHNEIDER, Anton, shoemaker; e 1853 B
13. SCHNEIDER, M[aria] Margareta, b LANG, w; e 1853 B
14. SCHNEIDER, Peter, b 11 Feb 1848, s; e 1853 B
15. SCHNEIDER, Michel, b 2 Aug 1852, s; e 1853 B

From: Michelbach, Amt Kastellaun
To: North America

1. KLEIN, Jakob; e 1857 B
2. WAECHTER, Peter; e 1857 B
3. SCHRECK, M[aria] Katharina, widow; e 1866 B
4. BRAUN? Magdalena; e 1868 [destination uncertain] B

From: Moerz, Amt Kastellaun
To: Brazil

1. WEBER, Apollonia, b 14 Jan 1815; e 1846 B
2. WEBER, M[aria] Katharina, b 30 Dec 1811; e 1846 B
3-6. SEIBEL, Franz, nail smith, with family; e 1857 B
7. ZIMMER, Simon, b 17 Apr 1831, tailor; e 1857 [destination uncertain] B

From: Moerz, Amt Kastellaun
To: America

1. REIF, Joseph, b 27 Mar 1820, shoemaker; e 1851 B
2. REIF, Matthias, b 2 Dec 1831, no profession; e 1851 B
3. REIF, Johann, 22 Jun 1834, no profession; e 1851 B
4. PETERS, Peter, b 3 Aug 1816, linen weaver; e 1871 B

5. PETERS, M[aria] Katharina, b GIETZEN, b 11 Nov 1825, w; e 1871 B
6. PETERS, Joseph, b 4 Feb 1854, s; e 1871 B
7. PETERS, A[nna] Maria, b 19 Jan 1856, d; e 1871 B
8. PETERS, Johann, b 31 Jul 1863, s; e 1871 B
9. PETERS, Gertrude, b 30 Jul 1864, d; e 1871 B
10. PETERS, Katharina, b 2 Apr 1868, d; e 1871 B

From: Roth, Amt Kastellaun
To: America

1-8. MEINHARD, Johann Georg Peter? b 1 Jun 1797, farmer, with family; e 1852 B
9. WERNER, Franz Adam, farmer; e 1857 B

From: Sabershausen, Amt Kastellaun
To: Brazil

1. NEUMANN, Johann, with family; e 1846, but was returned from Duenkirchen [Dunkirk] B
2. HAESER, J[ohann] Peter, b 1830; e 1857 B
3. HAESER, P[eter] Joseph, b 1853*; e 1857 B [*Possibly birthdate should be 1833.]
4. MEURER, J[ohann] Peter, farmer; e 1858, Rio Grande V
5. MEURER, Margareta, w; e 1858, Rio Grande V
6. MEURER, Simon, s; e 1858, Rio Grande V
7. MEURER, Margareta, d; e 1858, Rio Grande V
8. MEURER, Katharina, d; e 1858, Rio Grande V
9. KUELZER, P[eter] Joseph, b 31 Dec 1854; e 1867? 1875? AV
10. NICOLEY, P[eter] Joseph, b 18 Feb 1835, veterinarian? [Muehlarzt]; e 1870 V
11. NICOLEY, Margareta, b SABEL, b 25 Dec 1842, w; e 1870 V
12. NICOLEY, Margareta, b 20 Nov 1864, d; e 1870 V
13. NICOLEY, Anna Gertrude, b 11 Dec 1866, d; e 1870 V
14. NICOLEY, Johann, b 11 Jan 1869, s; e 1870 V
15. BARDEN, Anton, b 31 Dec 1854, no profession; e 1871 V
16. GRAEFF, Philipp, b 10 Feb 1831, farmer; e 1875 V
17. GRAEFF, Margareta, b BIRKENHEIER, b 2 Jun 1827, w; e 1875 V
18. GRAEFF, Anton, b 13 Jan 1855? tailor; e 1875 V
19. GRAEFF, Jakob, b 28 Sep 1857, s; e 1875 V
20. GRAEFF, J[ohann] Peter, b 28 Apr 1863, s; e 1875 V
21. BOERSCH, Elisabeth, b 25 Feb 1859; e 1875 V

From: Sabershausen, Amt Kastellaun
To: America

1. SCHROEDER, Franz; e 1852 B
2. KRAEMER, Nikolaus; e 1852 B
3. BARDEN, J[ohann] Peter, b 1822; e 1852 B
4. BARDEN, A[nna] Maria, b WEINEM, b 1824; e 1852 B
5. KOENIG, Joseph, farmer; e 1854 [destination uncertain] B
6. NICK, Johann Joseph; e 1855 B
7. SCHROEDER, P[eter] Joseph; e 1857 B
8. LUCAS, Johann, b 25 Sep 1849, apprentice tailor; e 1867 B
9. KOENIG, Katharina, b 20 Oct 1847, unmarried; e 1867 B
10. KOENIG, Joseph, b 25 Apr 1855, bachelor; e 1867 B

11. KOENIG, J[ohann] Jakob, b 29 Aug 1844, bachelor; e 1867 B
12. FREY, Jakob, b 2 May 1840, farmer; e 1872 [destination uncertain] B
13. FREY, Joseph, b 5 Oct 1855; e 1872 [destination uncertain] B
14. JACOBS, Johann, b 1848; e 1873, New York B
15. MEURER, P[eter] Joseph, b 23 Feb 1852, linen weaver, factory worker; e 1882 [destination uncertain] B
16. FREY, Johann, b 29 Nov 1835, b farmer; e 1890 B
17. FREY, Joseph Fr[iedrich?] b 1 Dec 1874, s, farmer B

From: Sevenich, Amt Kastellaun
To: Brazil

1. PIES, Jakob P[eter]; e 1846 B
2. PIES, Margareta, b KREMER, w; e 1846 B
3. PIES, M[aria] Katharina, b 1838; e 1846 B
4. PIES, Joseph, b 1842; e 1846 B
5. KRAEMER, Peter, b 20 Nov 1820, bachelor; e 1846 B
6. BRAUN, Heinrich, b 8 Jan 1797; e 1846 B
7. BRAUN, Gertrude, b BLATTEN, b 1803, w; e 1846 B
8. BRAUN, A[nna] Maria, b 1827; e 1846 B
9. BRAUN, Gertrude, b 8 Jan 1829; e 1846 B
10. BRAUN, Johann, b 21 Oct 1834; e 1846 B

From: Sevenich, Amt Kastellaun
To: North America

1. STRAUSS, Jakob, b 3 Sep 1799; e 1852 B
2. STRAUSS, Gertrude, b VOGT, b 1805, w; e 1852 B
3. STRAUSS, H[einrich] Peter, b 25 Sep 1824, s; e 1852 B
4. STRAUSS, A[nna] Maria, b 18 Nov 1826, d; e 1852 B
5. STRAUSS, Anton, b 14 Jan 1832, s; e 1852 B
6. STRAUSS, Jakob, b 3 Oct 1834, s; e 1852 B
7. STRAUSS, J[ohann] Peter, b 7 Jan 1837, s; e 1852 B
8. STRAUSS, Katharina, b 9 Dec 1839, d; e 1852 B
9. STRAUSS, Gertrude, b 3 Nov 1840, d; e 1852 B
10. STRAUSS, Margareta, b 3 Sep 1829* d; e 1852 B
    [*If age of this child is correct, no explanation as to why listed out of sequence.]
11. MUELLER, Jakob, b 19 Feb 1830, bachelor, farmer; e 1852 B
12. LIESENFELD, Johann Peter, b 18 Dec 1808, farmer; e 1852 B
13. LIESENFELD, Katharina, b KREUZ, b 1814, w; e 1852 B
14. LIESENFELD, A[nna] Katharina, b 9 Apr 1835, d; e 1852 B
15. LIESENFELD, Johann Peter, b 8 Aug 1844, s; e 1852 B
16. LIESENFELD, A[nna] Maria, b 22 Nov 1848, d; e 1852 B
17. WEBER, Philipp, b 12 Oct 1832, bachelor, farmer; e 1852 B
18. SIMON, A[nna] Maria, b KRAEMER, b 1793; e 1852 B
19. SEIS, Philipp, b 1806, farmer; e 1861 B
20. SEIS, Elise, b 1804, w; e 1861 B
21. SEIS, Gertrude, b 1840, d; e 1861 B
22. SEIS, Margareta, b 1845, d; e 1861 B
23. PROFF, Johann, b 29 Sep 1837, miner; e 1866 B
24. WOLF, Johann, b 13 Mar 1858, blacksmith; e 1882 B
25. MUELLER, Johann, b 10 Oct 1872, no profession; e 1888 B

From: Schnellbach, Amt Kastellaun
To: North America

1. MONRIAN, Philipp, b 15 Feb 1807, farmer; e 1852 B
2. MONRIAN, A[nna] M[aria], b KOELZER, b 1812; e 1852 B
3-10. MONRIAN, --, 8 children; e 1852 B
11. MUELLER, Matthias, cabinetmaker; e 1854 B

From: Spesenroth, Amt Kastellaun
To: Algiers

1. ADAMS, Matthias, mason; e 1844 B

From: Spesenroth, Amt Kastellaun
To: Brazil

1. LEY, Matthias, b 3 Jul 1799, carpenter; e 1846 B
2. LEY, Karl, b 16 Jun 1824, s; e 1846 B
3. LEY, A[nna] Katharina, b 10 Sep 1826, d; e 1846 B
4. LEY, A[nna] Margareta, b 12 Aug 1829, d; e 1846 B
5. LEY, Peter, b 12 Sep 1831, s; e 1846 B
6. LEY, Adam, b 6 Jun 1834, s; e 1846 B
7. LEY, Maria Katharina, b 4 Dec 1838, d; e 1846 B
8. LEY, Friedrich, b 26 Feb 1842, s; e 1846 B

From: Spesenroth, Amt Kastellaun
To: America

1. STEIN, Philipp, b 1805; e 1837 B
2. STEIN, --, b 1799, w; e 1837 B
3. STEIN, Matthias, b 1829; e 1837 B
4. STEIN, J[ohann] Peter, b 1831; e 1837 B
5. STEIN, A[nna] Maria, b 1833; e 1837 B
6. STEIN, M[aria] Margareta, b 1835; e 1837 B
7. WALTER, Jakob, b 1805; e 1837 B
8. WALTER, --, b 1807, w; e 1837 B
9. WALTER, M[aria] Margareta, b 1837; e 1837 B
10. BOOS, Nikolaus, b 14 Oct 1811; e 1847 B
11. BOOS, M[aria] Katharina, b ULRICH, w; e 1847 B
12. BOOS, M[aria] Katharina, b 2 Apr 1837; e 1847 B
13. BOOS, M[aria] Margareta, b 4 Jul 1837; e 1847 B
14. WEISHAUPT, J[ohann] Adam, b 13 Mar 1826, carpenter; e 1852 B
15. STEIN, J[ohann] Peter, b 29 Mar 1831, day laborer; e 1863 B
16. STEIN, Wilhelmine, b GOEHL, b 24 May 1826, w; e 1863 B
17. STEIN, J[ohann] Peter, b 24 Oct 1852, s; e 1863 B
18. STEIN, Margareta, b 19 Feb 1858, d; e 1863 B
19. STEIN, G[eorg?] Wilhelm, b 24 Nov 1859, s; e 1863 B
20. GUTENBERGER, Valentin, b 3 Nov 1850, blacksmith; e 1872 B

From: Uhler, Amt Kastellaun
To: America?

1. LEHNHARD, Nikolaus; e 1857 B

2. SCHWERDLING, Peter; e 1857 B
3-8. MOERSCH, Friedrich, with family; 1857 B
9. THEIS, M[aria] Katharina; e 1857 B
10. THEIS, Peter; e 1858 B
11. THEIS, Peter, s of #10; e 1858 B
12. THEIS, --, c of #10; e 1858 B

From: Voelkenroth, Amt Kastellaun
To: Brazil

1. LINK, Georg, day laborer; e 1827 (his w & children returned to Germany after 10 years abroad) B
2-5. JUNKER, Heinrich P[eter], with family; e 1846 [destination uncertain] B
6-9. ARNOLD, J[ohann] Matthias, with family?; e 1846, S. Leopoldo A B
10. GEWEHR, J[ohann] Adam; e 1846 [destination uncertain] B
11. SCHNEIDER, Heinrich Peter, b 1801; e 1846 A B
12. SCHNEIDER, M[aria] Margareta, b FREISS, w; e 1846 B
13. SCHNEIDER, ;M[aria] Margareta, b 13 Dec 1828; e 1846 B
14. SCHNEIDER, M[aria] Elisabeth, b 1 Jun 1831, d; e 1846 B
15. SCHNEIDER, Adam, b 24 Jun 1835, s; e 1846 B
16. SCHNEIDER, A[nna] Katharina, b 11 Aug 1839; e 1846 B
17. SCHNEIDER, Heinrich Peter, b 18 Jul 1844; e 1846 B
18. [Number not used? Or person missing from German text?]
19-22. BAMBERG, Michel, with family; e 1857 B

From: Voelkenroth, Amt Kastellaun
To: America

1. HEIB, J[ohann] Nikolaus, straw roofer; e 1854 B
2. HEIB, Katharina, w; e 1854 B
3. HEIB, Jakob, s; e 1854 B
4. HEIB, Peter* s; e 1854 B
5. HEIB, Nikolaus* s; e 1854 B
6. HEIB, Elisabeth, d; e 1854 B
[German text assigns numbers 1 through 6 but it may be that Peter & Nikolaus are the same person; if so, there is an unnamed missing child in this family.]
7. WEBER, Peter; e 1854 B

From: Wohnroth, Amt Kastellaun
To: Brazil

1. STEEG, Friedrich, b 1833, tailor; e 1857, Rio B
2. STEEG, M[aria] Katharina, b 1826; e 1857, Rio B

From: Wohnroth, Amt Kastellaun
To: America

1. SCHMIDT, Peter, b 11 Jan 1823, linen weaver; e 1852 B
2. ENGEL, Juliana, b 1827, fiancee of #1 above; e 1852 B
3. JACOBS, Friedrich, b 9 Feb 1790, linen weaver; e 1852 B
4. JACOBS, M[aria] Katharina, b ADAMS, b 1793, w; e 1852 B
5. JACOBS, Heinrich Andreas, b 7 Dec 1821, s; e 1852 B
6. JACOBS, Adam, b 8 May 1824, s; e 1852 B
7. JACOBS, Friedrich Wilhelm, b 9 Feb 1834, s; e 1852 B
8. JACOBS, Friedrich, b 11 Mar 1817; e 1852 B
9. JACOBS, Katharina, b MARTIN, b 1817, w; e 1852 B
10. JACOBS, M[aria] Margareta, b 3 Aug 1842, d; e 1852 B
11. JACOBS, A[nna] Katharina, b 13 Jan 1846, d; e 1852 B
12. JACOBS, Philipp Peter, b 1 Mar 1819, nail smith; 1852 B
13. JACOBS, A[nna] Margareta, b PFUHL, b 1822; e 1852 B
14. JACOBS, M[aria] Math[ilde] b 16 Feb 1849, d; e 1852 B
15. JACOBS, Anna Katharina, b 2 Mar 1851, d; e 1852 B
16. PFUHL, Hermann, b 1787, farmer; e 1852 B
17. PFUHL, Katharina, b 13 Apr 1832, d; e 1852 B

4. Amt Kirchberg

From: Town of Kirchberg, Amt Kirchberg
To: Brazil

1. KLEID, --, b KIRST, widow of Fr[iedrich] Peter KLEID; e 1857 L
2. LAUFF, Julius, b 16 Jun 1845, forestry student; e 1863 L

From: Town of Kirchberg, Amt Kirchberg
To: America or North America

1. STEIL, Friedrich David; e 1853 L
2. SCHNEIDER, Ludwig, journeyman butcher; e 1854 L
3. FUCHS, Johann Friedrich, journeyman wagoner; e 1854 L
4. KONRAD, Joseph; e 1854 L
5. HOFFMANN, --, cabinetmaker; e 1854 L
6. HOFFMANN, Friedrich, s; e 1854 L
7. LAMBRECHT, Matthias, Catholic; e 1854 L
8. LAMBRECHT, Engelbert, Catholic; e 1854 L
9. BEIL, Wilhelm; e 1854 L
10. FUCHS, Franz, cooper; e 1854 L
11. STEIN, Jakob, day laborer; e 1854 L
12. VOGT, Peter, b 22 Mar? 1832; e 1854 L
13. SCHMIDT, David Arn[old], w of; e 1855 L
14-17. STOCK, Franz, plumber, with family; e 1856 L
18. ZENZEM, J[ohann?] Ant[on?] K[arl?]; e 1857 L
19-23. ADAM, --, widow, with 4 sons; e 1857 L
24. JUNKER, Jakob, cable maker; e 1857 L
25. GOETZ, D. W.; e 1857 "escaped to America" L
26. JUNKER, Peter Arn[old] journeyman baker; e 1857 L
27. KUSEL, Isaak, merchant; e 1857 L
28. HEYMANN, Simon, b 1 Jan 1842; e 1857 L
29. HEYMANN, Friedrich, b 17 Mar 1844; e 1857 L
30. LORENZ, Franz Daniel; e 1858 L
31. JUNKER, Lorenz, b 13 May 1815, lathe operator; 1858 L
32. JUNKER, --, b SCHUELER, b 20 Dec 1816, w; e 1858 L
33. JUNKER, Katharina Franziska, b 6 Oct 1841, d; e 1858 L
34. JUNKER, Elisabeth Karoline, b 20 Feb 1844, d; e 1858 L
35. JUNKER, Wilh[elmine] Kar[oline] b 16 May 1853, d; e 1858 L
36. JUNKER, Fr[iedrich] Christ[ian?] b 6 Jul 1856, s; e 1858 L

(Two brothers [of #31?] already in America.)
37. HEYMANN, Friedrich, e 1861 L
38. BEIL, Franz, b 31 Dec 1841; e 1861 L
39. SCHUELER, Johann Franz, b 11 Mar 1846; e 1863 L
40. SCHNEIDER, Johann Philipp, b 22 Aug 1829, butcher; e 1863 L
41. HEIMANN, Herm[ann]; e 1864 L
42. SCHUMMER, Franz Jakob, with w & c; e 1865 L
    [There may have been 2 children, as the German text is erroneously numbered here.]
45. SCHNEIDER, Ludwig; e 1865 L
46. HOFFMEYER, Fr[iedrich] Adam, b 27 Apr 1847, herder; e 1866 L
47. FUCHS, Friedrich, b 31 Dec 1846, businessman; e 1866, Pittsburgh L
48. STEIN, Ferdinand, b 30 May 1848; e 1866 L
49. STEIN, Frieder[ich*]; e 1866 [*So spelled] L
50. NOERLING, Joseph, b 8 Feb 1847, day laborer, former candidate for school position [*Schulamtaspirant*]; e 1866 L
51. HOFFMEYER, Joseph; e 1867 L
52. HEYMANN, Ferdinand; e 1867 L
53. NICK, Franz Josef, b 13 Jan 1849; e 1867 L
54. KUHSEL, Samuel, b 6 Feb 1852; e 1867 L
55. SALOMON, Jakob, b 24 Jan 1849, Jewish; e 1867 L
56. SCHMIDT, Chr[istian? istoph?] Wilhelm, b 31 Jan 1830, shoemaker; e 1867 L
57. SCHMIDT, Reg[ina] K[atharina?] b SCHMOLL, b 20 Apr 1827, w; e 1867 L
58. SCHMIDT, Heinrich, b 23 Aug 1861, s; e 1867 L
59. ODENBREIT, Peter, b 12 Aug 1833, farmer; e 1867, Connecticut L
60. ODENBREIT, Anna Maria, b DONSBACH, b 16 Sep 1820, w; e 1867, Connecticut L
61. ODENBREIT, Thekla, b 18 May 1862, d; e 1867, Connecticut L
62. ODENBREIT? J[ohann] Michel, b 21 Sep 1853, stepson; e 1867, Connecticut L
63. HENN, Peter, b 18 Dec 1852; e 1867 L
64. FUCHS, Ludwig, b 26 Mar 1825, baker; e 1868 L
65. HEYMANN, Ludwig, b 19 Aug 1854, Jewish, businessman; e 1869 L
66. von der HEIDE, Karl, b 29 Nov 1842, no profession; e 1869 L
67. CHRISTMANN, G[eorg] Franz, b 17 Jan 1851; e 1869 L
68. FUCHS, Wilhelm, b 28 May 1853; e 1871 L
69. FUCHS, Franz, 11 Dec 1846, shoemaker; e 1871 L
70. DONSBACH, Michael, b 19 Sep 1853, Catholic?; e 1871 (Has stepbrother in America) L
71. ENGELBERT, Jakob, b 7 May 1846, brewer; e 1872 L
72. HELFFENSTEIN, Georg, apprentice lathe operator, b 29 Aug 1847; e 1872 L
73. CHRISTMANN, Heinrich, b 4 Aug 1853; e 1871 [No indication as to why this emigrant is shown out of chronological sequence]
74. FUCHS, Heinrich, b 8 Jul 1854; e 1872 L
75. HELFFENSTEIN, Ludwig, b 4 Aug 1856; e 1873 L
76-79. STEIL, Ludwig, with family; e ? L
80. SCHLOSS, Jonas, b 27 Nov 1861, Jewish; e 1876, Sigonier St.* Indiana L
    [*St. might mean *Stadt* or town, but could also mean street in this context.]
81. SCHLOSS, Simon, b 1 Aug 1863, Jewish; e 1881 L

82-85. HEYMANN, Laz[arus?] b 11 Feb 1822, Jewish, with family; e 1882, Missouri, where 4 of his children already live L
86-89. SCHLOSS, Leopold, b 1840, Jewish, with family; e 1884, New York L
90. KLOS, Jakob, b 11 Feb 1865, bachelor, businessman; e 1884, Baltimore L
91. STEIL, Peter; e 1886 L
92. HUETHWOHL, Fr[iedrich] Jakob, b 12 May 1860, butcher; e 1887, Baltimore L
93. HOTTENBACHER, F[riedrich?] Daniel, b 3 Sep 1868, baker; e 1887, Baltimore L
    (He has 5 siblings living in Baltimore.)
94. KLOS, Peter, b 29 Sep 1868, Ev[angelical Lutheran] cabinetmaker; e 1888, Baltimore L
95. FRANK, Isidor, b 9 Dec 1870, Jewish, butcher; e 1888, New York L
96. HELFFENSTEIN, --, b 20 Jan 1871, lathe operator; e ? Illinois L

From: Town of Kirchberg, Amt Kirchberg
To: London

1. SCHUELER, J[ohann] Franz, b 11 Mar 1846; e 1863 L
2. JUNKER, Franz J[ohann? Josef?] b 9 Oct 1848; e 1863 L
3. WUELLENWEBER, Fr[iedrich] Daniel, b 26 Mar 1854, baker's apprentice; e 1868 L
4. SCHALLER, J[ohann] Christ[ian] b 5 Mar 1846, Ev[angelical Lutheran] baker; e 1873 L
5. GASS, Fr[iedrich] Lud[wig] Ev[angelical Lutheran] baker; e 1873 L
6. SCHALLER, Wilhelm, b 20 Mar 1860, Ev[angelical Lutheran]; e 1876 L
7. GASS, Aug[ust] Lud[wig] b 11 Oct 1861, Ev[angelical Lutheran]; e 1878 L
   (To learn the baking trade.)
8. GASS, G[eorg] Adolf, b 9 Jun 1860, Ev[angelical Lutheran]; e 1879 L
9. FURK, Peter, b 18 Dec 1863, Ev[angelical Lutheran]; e 1880 L
   (His uncle is a baker in L[ondon].)
10. GASS, K[arl?] Aug[ust] W[ilhelm?] b 2 Mar 1856, Ev[angelical Lutheran], businessman; e 1880 L
    (He can become part-owner of a bakery.)
11. MICHEL, Friedrich, b 12 Jun 1866, Ev[angelical Lutheran] journeyman baker; e 1884
12. STEIL, Peter, b 6 Jan 1869, Ev[angelical Lutheran] journeyman baker; e 1886

From: Denzen, Amt Kirchberg
To: America

1. ISWANG, Johann, b 12 Dec 1845; e 1853* (left without permission) L
   [*Emigration date may be wrong, as he would have been only 8 years old at the time.]
2. RECH, J[ohann] Friedrich, b 29 Jun 1833, farmer; e 1865 L
3. RECH, L[uise?] Karoline, b WALLAUER, b 29 Sep 1834; e 1865 L
4. DONSBACH, Edmund, b 8 Feb 1820, day laborer; e 1867 L
5. SCHNEIDER, Johann, b 17 Sep 1853, day laborer; e 1877 L
6. SCHNEIDER, Anna, b ACHTEN, b 11 Mar 1845, w; e 1877 L

7. SCHNEIDER, Johann, b 11 Mar 1870, s;
e 1877   L
8. SCHNEIDER, Susanna, b 5 Oct 1873, d;
e 1877   L

From: Denzen, Amt Kirchberg
To: America?

1. HERBER, Adam; e 1854 (probably to America)   L
2. OCHS, Matthias; e 1854 (probably to America)   L
3. JAEGER, --, widow of Nikolaus; e 1854   L
4-8. DONSBACH, Joseph, with family; e 1856   L
9. ECHTERNACH, --, widow of Jakob; e 1856   L
10. ECHTERNACH, M[aria] Elisabeth; e 1856   L

From: Denzen, Amt Kirchberg
To: London

1. KOETZ, Peter, b 26 Apr 1861, Ev[angelical
Lutheran] mechanic; e 1878   L

From: Dickenschied, Amt Kirchberg
To: Brazil

1. HECK, --, Catholic; e 1827, S. Sebastian
AS J. Hortenci [significance unknown]   A
2. HENZEL, --, Catholic; e 1827, S. Sebastian
AS J. Hortenci [significance unknown]   A

From: Dickenschied, Amt Kirchberg
To: North America

1. LORENZ, Friedrich; e 1857   L
2. SOMMER, Nikolaus; e 1857   L
3. ERNST, J[ohann] Wilhelm, b 19 Jun 1840;
e 1863   L
4-12. STUMM, J[ohann] Nikolaus, with w & c;
e 1864   L
13. ERNST, --, b PIROTH, widow of Karl ERNST,
b 10 Nov 1807; e 1865 (has relatives in
North America)   L
14. ERNST, H[einrich] Jakob, b 19 Feb 1838, s,
farm hand; e 1865   L
15. ERNST, M[aria] Katharina, b 14 Jan 1843, d;
e 1865   L
16. ERNST, Jakob, b 18 Oct 1847, s; e 1865   L
17. STUMM, Wilhelm, b 16 Feb 1846; e 1866   L
18. SCHWICKERT, J[ohann] Heinrich, b 5 Sep
1849; e 1867   L
19. THOMAS, Daniel, b 17 Mar 1847, blacksmith;
e 1868   L
20. REUSS, Peter, b 2 Feb 1877, Ev[angelical
Lutheran]; e 1893, Porthuron [Port Huron]   L

From: Dickenschied, Amt Kirchberg
To: London

1. CASPAR, August, b 17 Dec 1857, bachelor,
baker; e ?   L

From: Dickenschied, Amt Kirchberg
To: Russian Poland

1-6. JACOBI, Konrad, with family; e 1816   L
7-9. MUELLER, Philipp, with w & 1 c; e 1816   L
10-12. VIER, J[ohann] Adam, with w & 1 c;
e 1816   L

From: Dill, Amt Kirchberg
To: North America

1. SCHELL, Nikolaus; e 1863   L
2. MAEHRINGER IV, Peter, b 24 Dec 1808, far-
mer; e 1872   L
(His conduct not blameless; strife with his
wife [who apparently did not accompany him].)

From: Dill, Amt Kirchberg
To: London

1. BAST, Christ[ian] b 23 Mar 1859, apprentice
teacher [Lehrer-Aspirant]; e 1878 (went
to his uncle, P. BENZ)   L

From: Dillendorf, Amt Kirchberg
To: North America

1. KLEINSCHMIDT, Paul, b 28 Jan 1854, bachelor;
e 1872   L
2. HERMANN, Paul; e 1858 [destination uncer-
tain]   L

From: Kappel, Amt Kirchberg
To: Russian Poland

1. BARDEN, Math[ias?]; e 1817   L

From: Kappel, Amt Kirchberg
To: Brazil

1. DIETERICH, --, Ev[angelical Lutheran];
e 1847, S. Leopoldo-Bom Jardim   A
2. SPITZER, --, Catholic; e ?   A
3. ZIMMER, --; e 1851   A
4. OCHS, J[ohann] Jakob; e 1856   A
5. OCHS, --, with w, d, & mother; e 1856   -

From: Kappel, Amt Kirchberg
To: North America

1. REINERT, Johann; e 1854 [destination uncer-
tain]   -
2-8. KENTENICH, Heinrich, shoemaker, with w
& 5 c; e 1855 (emigrated clandestinely)   L
9. TRAPP, Ludwig; e 1856   -
10-12. TRAPP, --, with w & 2 c; e 1856   -
13. BLUEMLING, Johann, linen weaver; e 1857   -
14. RHEIN, Josef Nikolaus; e 1857   -
15. EMMEL, Nikolaus; e 1857   -
16. WEIRICH, Peter; e 1857   -
17. BAUER, Adam, b 11 Oct 1847; e 1869 [des-
tination uncertain]   -

From: Laufersweiler, Amt Kirchberg
To: Brazil

1. GEWEHR, Johann; e 1827, S. Leopoldo-B.
Jardim   A

From: Laufersweiler, Amt Kirchberg
To: North America

1-4. WIESELER, Christ[ian] with family; e 1854   L
5. SCHNEIDER, Nikolaus; e 1854   L
6. STUMM, Niklaus; e 1854   L
7. ROTH, M[aria] Katharina; e 1854   L

8. FAUST, Nikolaus; e 1854 L
9. FAUST, J[ohann] Peter; e 1854 L
10. MUNZLINGER, Peter; e 1854 L
11. KAAS, Karl, mason; e 1855 L
12. VERBECK, Johann; e 1855 L
13. JERSCHEID? J[ohann] Daniel; e 1855 L
14. NEU I, Christian, b 26 Jan 1839; e 1856 L
15. NEU II, Christian, b 26 Feb 1840; e 1856 L
16. MUNZLINGER, J[ohann] Michael, b 12 Apr 1851; e [1856?] L
17-20. NEU, Heinrich, with family; e 1856 L
21. MOLZ, Math[ias? -ilde?]; e 1857 L
22. PLETZER, Philipp; e 1857 L
23. NEU, Nikolaus, b 28 Jan 1804, farmer; e 1860 L
24. NEU, Elisabeth, b FAUST, b 4 Apr 1810, w; e 1860 L
25. NEU, Peter, b 25 Jul 1842, s; e 1860 L
26. NEU, Elisabeth, b 14 Oct 1846; e 1860 L
27-30. MOLZ, Adam, shoemaker, with family; e 1860 L
31. STRAUSS, Matthias; e 1862 L
32. FAUST, F[riedrich] Wilhelm, b 30 Jul 1839, businessman; e 1864 L
33. KARL, J[ohann] Nikolaus, b 7 Jul 1835, agate worker? [*Achatschl.*]; e 1865 L
34. FRANK, Henriette, b 19 Feb 1846, no profession; e 1865 L
35. FRANK, Elisabeth, b 24 Aug 1849, no profession; e 1865 L
36-39. NEU, Peter, lathe operator, with family; e 1865 L
40. NEU, Michael, b 30 Jan 1850, no profession, foster son; e 1865 L
41-44. EWEIN, J[ohann] Jakob, b 7 Mar 1831, tailor; e 1865 L
45. NEU, Peter, b 2 Feb 1844, tailor; e 1865 L
46. NEU, --, b STUMM, widow & mother of #45 above, b 2 Apr 1811; e 1865 L
47. SCHNEIDER, Ludwig, b 15 Feb 1847; e 1865 L
48. MAYER, Salomon, b 16 Feb 1848; e 1865 L
49. GEWEHR, Christian; e 1866 L
50. FRANK, Phil[ipp]; e 1866 L
51. ROTH, Karl, b 6 Sep 1847; e 1866 L
52-55. MUNZLINGER, Adam, b 13 Aug 1840, with family; e 1866 L
56-61. SCHMIDT, J[ohann] Jakob, b 10 Mar 1833, blacksmith, with family; e 1866 L
62. SCHMIDT, Katharina, b SCHNEIDER, b 14 Oct 1834; e 1866 L
63. SCHMIDT, Karoline, b 20 Jun 1859, d; e 1866 L
64. SCHMIDT, Adam, b 17 Jun 1861, s; e 1866 L
65. SCHMIDT, Katharina, b 7 Jun 1864, d; e 1866 L
66. SCHMIDT, Ludwig, b 22 Nov 1865, s; e 1866 L
67. MOLZ, Peter; e 1866 L
68. FAUST, Friedrich, b 16 Feb 1849; e 1866 L
69. BAUM, Al4xander, b 26 Sep 1848, Jewish, apprentice businessman; e 1866 L
70. MAYER, Moses, b 27 Mar 1854, Jewish; e 1872 L
71. FRANK, Simon, b 1 Jan 1855, Jewish; e 1873 L
72. SCHMIDT, Adam, b 7 Jun 1861, Ev[angelical Lutheran] blacksmith; e 1878, Baltimore L
73. BAUM, Hermann, b 3 Jan 1864, Jewish, cigar maker; e 1880 L
74. MAYER, Gustav, b 27 Sep 1865, Jewish, no profession; e 1881, Chicago L
75. FRANK, Isidor, b 2 Jun 1866, Jewish; e 1884, Symour, Wisc[onsin] L
76. GERSON, Joseph, b 19 Mar 1886, Jewish, businessman; e 1886, Budler [Butler?] Ind[iana]

77. KAHN, Herm[ann] b 25 Jun 1879, Jewish; e 1892, Chicago L
78. SCHNEIDER, Adolph, b 8 Jan 1880, Ev[angelical Lutheran]; e ? Baltimore L
79. KAHN, Ernst, b 9 Jul 1883, Jewish, businessman; e 1890 L
80. BAUM, Abraham, b 26 Oct 1884, Jewish, businessman; e 1901

From: Laufersweiler, Amt Kirchberg
To: London

1. KARL, Peter, b 20 Dec 1862, Catholic, no profession; e 1880 L
   (Has relatives there; will become a baker)
2. KARL, Michael, b 7 Aug 1865, Catholic, no profession; e 1880 L
   (Has relatives there; will become a baker.)
3. SCHNEIDER, Joseph, b 20 Nov 1865, Ev[angelical Lutheran] L
   (Has relatives there; will become a baker.)
4. KARL, Adam, b 13 Jan 1868, Catholic, shoemaker & baker; e ? -

From: Laufersweiler, Amt Kirchberg
To: Unknown or Undetermined

1. GEWEHR, Math[ias?]; e 1857 L
2. MUEHLBERGER, Christ[ian] b 13 Jan 1849; e 1867 L
3. CARL, Johann, b 5 Jan 1843, farmer; e 1867 L
4. CARL, Adam; e 1886 L

From: Maitzborn, Amt Kirchberg
To: North America

1. HUETWOHL, Peter, b 11 Jan 1847, Ev[angelical Lutheran] miller? [*Knochenmueller*]; e 1880, Pittsburgh L

From: Metzenhausen, Amt Kirchberg
To: London

1. HENN, J[ohann] Georg, b 10 Dec 1840, bachelor, baker; e 1867 L
2. KLINGELS, Mathias, b 19 Apr 1841, blacksmith; e 1867 L
3. CHRIST, Adam, b 17 Sep 1866, bachelor, Catholic, apprentice baker; e 1883 L
   (Cousin of #2 above.)

From: Niederkostenz, Amt Kirchberg
To: Brazil

1. BOEHMER, Johann, farmer; e 1857 L
2. GRAEFF, Nikolaus; e 1857 L
3. ROSCHEL, Johann; e 1856 [destination uncertain] L
4. KOETZ, Jakob; e 1857 L
5. NIED, Johann Peter; e 1857 [destination uncertain]
6. WERKHAEUSER, Peter, shoemaker; e 1858 L

From: Niederkostenz, Amt Kirchberg
To: England

1. BECK, Wilhelm, b 14 May 1880, Ev[angelical Lutheran] farmer; e 1895, London L

From: Oberkostenz, Amt Kirchberg
To: North America

1-4. VOGT, Peter, with family; e 1856 L
5. WEBER, Katharina, b 21 Oct 1825; e 1856 L
6-9. OCHS, Nikolaus, with family; e 1857 L

From: Oberkostenz, Amt Kirchberg
To: Undetermined or Unknown

1. WEBER, J[ohann] Peter; e 1855 L
2. HAND, J[ohann] Peter, b 19 Oct 1833; e ? L
3-6. WEIRICH, Nikolaus, with family; e 1857 L
7. HAMMES, Nikolaus; e 1857 L
8-11. KLEIN, Adam, with family; e ? L

From: Oppertshausen, Amt Kirchberg
To: Brazil

1. NOS, Josef, Catholic; e ? Lageado A
2. RITT (RIED?) Anton, Catholic; e 1871 Lageado A
3. RITT (RIED?) Peter, Catholic; e 1871 Lageado A
4. ROSENBACH, Anton, Catholic; e 1874 Lageado A
5. ROSENBACH, Philipp, Catholic; e 1874 Lageado A

From: Oppertshausen, Amt Kirchberg
To: North America

1. KUNZ, Peter, farmer; e 1857 L
2. KURZ, Franz Jakob, b 29 Aug 1840, farmer; e 1866 L
3. KUNZ, Christoph, b 5 Dec 1844, cabinetmaker; e 1868 L
4. KUNZ, Fr[iedrich] Wilhelm, b 26 Jan 1854; e 1871 L
5. WICKERT, Jakob, b 8 Mar 1863, Ev[angelical Lutheran] farmer; e 1889, Wisconsin L

From: Oppertshausen, Amt Kirchberg
To: Undetermined or Unknown

1. SEIBEL, --; e 1871 L

From: Reckershausen, Amt Kirchberg
To: North America

1. DONSBACH, J[ohann] Philipp; e 1854, without permission L
2-5. CHRIST, Nikolaus, with family; e 1854 L
6-7. BRAUER, Michel, & s; e 1855 L
8. HOFFMANN, Nikolaus; e 1855 L
9-12. DONSBACH, Anton; e 1855 L
13. FORSTER, Christoph; e 1857 L
14-17. ASSMANN, Katharina, with 3 c; e 1857 L

From: Roedern, Amt Kirchberg
To: North America

1. STEINES, Anna K[atharina] b 21 Jan 1842, unmarried, no profession; e 1863* L
2. STEINES, Jakob, b 16 Feb 1839, bachelor, miller; e 1865* L
   [*Apparently the two did not emigrate together, or there is an error in one of these dates.]

From: Roedern, Amt Kirchberg

To: London?

1. OCHS, H[einrich] Daniel; e 1855 [destination uncertain] L
2. KONRAD, H[einrich] Peter, bachelor, farmer; e 1874, London? (to become a baker0 L

From: Schoenborn, Amt Kirchberg
To: Brazil

1. KUNZ, Adam, b 24 Mar 1857, day laborer; e 1861 L

From: Schoenborn, Amt Kirchberg
To: North America

1. MEINHARD, Margareta, b Schnepp, widow; e 1871 (Has brother & sister there) L
2. MEINHARD, Peter, b 24 Aug 1862, s; e 1871 L
3. MEINHARD, Katharina, b 26 Aug 1864, d; e 1871 L
4. MEINHARD, Jakob, b 7 Jul 1868, s; e 1871 L

From: Schoenborn, Amt Kirchberg
To: Undetermined or Unknown

1. ADAM, Christ[ian?] b 26 Feb 1855; e 1871 L

From: Schwarzen, Amt Kirchberg
To: Brazil

1. PETRY, Adam, Catholic, salesman; e 1856, Montenegro AL
2-4. RIED, --, widow of Jakob, with 2 s; e 1857, Lageado AL
5. PETRY, Johann; e 1868, Taquara A

From: Schwarzen, Amt Kirchberg
To: North America

1. SCHERER, Johann Nikolaus; e 1855 L

From: Todenroth, Amt Kirchberg
To: Brazil

1. WEYRICH, Mathias; e 1857 L

From: Todenroth, Amt Kirchberg
To: North America

1. WEYRICH, H[einrich] Peter, miller; e 1857 L
2. DIETERICH, Wilhelm, b 26 Jan 1859, Ev[angelical Lutheran] businessman; e 1882, St. Louis L

From: Womrath, Amt Kirchberg
To: Brazil

1. HORN, --, Catholic; e 1827, S. Leopoldo A
2. CASPAR, Franz, b 18 Feb 1833, tailor; e 1858 L
3. CASPAR, Peter, b 20 Oct 1833, bachelor, cabinetmaker; e 1861 L
4. CASPAR, Johann Adam, b 1 Nov 1841, bachelor, tailor; e 1863 [destination uncertain] L
5. SCHMIDT, Franz, b 11 Jan 1861, Catholic, tailor; e 1877, Itapeserica, S. Paulo (To join #3 above.) L
6. SCHMIDT, Jakob, b 22 Mar 1863, Catholic, no profession; e 1877 (ditto) L

7. SCHMIDT, Anton, b 26 Sep 1873, bachelor, farmer; e 1891, Sao Paulo (to #6 above)   L

From: Womrath, Amt Kirchberg
To: North America

1. KELLER, Peter, Senior, b 23 Dec 1829; e 1880, Arkansas   L
2. KELLER, Elisabeth, b WENDEL, b 3 Apr 1835, w; e 1880, Arkansas   L
3. KELLER, Peter, Junior, b 10 Jan 1861; e 1880, Arkansas   L
4. KELLER, Elisabeth, b 10 Mar 1859, [w]; e 1880, Arkansas   L
5. KELLER, Philippine, b 14 Sep 1863, [d]; e 1880, Arkansas   L
6. KELLER, Jakob, b 20 Jul 1866, [s]; e 1880, Arkansas   L
7. KELLER, Ludwig, b 20 May 1869 [s]; e 1880, Arkansas   L
8. KELLER, Gustav, b 17 May 1872 [s]; e 1880, Arkansas   L
9. KELLER, Karoline, b 4 Mar 1875 [d]; e 1880, Arkansas   L
10. KELLER, Adolph, b 17 Nov 1877 [s]; e 1880, Arkansas   L
11. IMBODEN, Michael, b 5 Jan 1815, Ev[angelical Lutheran] shoemaker; e 1882   L
12. IMBODEN, Elisabeth, b KAUFMANN, b 9 Oct 1822, Ev[angelical Lutheran] w; e 1882   L
13. IMBODEN, Michael [Junior] b 27 Oct 1857, Ev[angelical Lutheran] shoemaker; e 1882   L
14. IMBODEN, Maria, b 22 Nov 1864 Ev[angelical Lutheran] [d?]; e 1882   L

From: Womrath, Amt Kirchberg
To: Undetermined or Unknown

1. MOEHRINGER, Jakob; e 1854   L
2. HEBEL, Peter, b 22 Jul 1848; e 1867   L

5. Amt Ohlweiler

From: Town of Ohlweiler, Amt Ohlweiler
To: Brazil

1. ALTMEYER, Jakob; e 1827, S. Leopoldo, Dois Irmaos   B
2. ALTMEYER, Johann; e 1827, S. Leopoldo, Dois Irmaos   A
3. MEYER, Peter; e 1829, S. Leopoldo, Dois Irmaos   A
4. BENDER, Wilhelm, 1790-1856; e ? Hamburg V.   C
5. BENDER, Heinrich Peter, 1816-1872; e ? Hamburg V.   C
6. HELLER, A[nna] Margareta, b HOTTENBACHER, 1804-1851; e ? Hamburg V   C
7. MUELLER, J[ohann] Nikolaus, Senior, 1775-1853; e ? in Campo B.   C

From: Town of Ohlweiler, Amt Ohlweiler
To: Undetermined or Unknown

1. SCHMIDT, J[ohann] Nikolaus; e 1854   L

From: Town of Ohlweiler, Amt Ohlweiler
To: America

1. ROOS, Peter, b 1839, bachelor, cabinetmaker; e 1868   L

From: Belgweiler, Amt Ohlweiler
To: America?

1-5. THOMAS, Jakob, with family; e 1865   L

From: Belgweiler, Amt Ohlweiler
To: London

1. WECKMUELLER, P[eter] Paul, b 1866, bachelor, no profession; e 1883   L

From: Biebern, Amt Ohlweiler
To: Brazil

1. VIER, Heinrich; e 1845, S. Leopoldo, D. Irmaos   A
2. BOOS, H[einrich] Peter, Junior; e 1854 [destination uncertain]   AL
3. FENNINGER, --; e 1848, Taquara   A
4. MOHR, H[einrich] Peter; e 1854   L
5-7. DIEL, Mathias, with w & s; e 1854   L
8. DIEL, Anton; e 1857, S. Leopoldo, D. Irmaos   A
9. HOELZ, Heinrich; e 1857, Venancio Ayres   A
10. NATUS, Heinrich; e 1857, Porte* Alegre [*So spelled]   AL
11. DIETRICH, Georg; e 1861, S. Lorenzo   A
12. DIETRICH, Jakob; e ? S. Lorenzo   A
13. WUST, Peter, b 18 Aug 1841; e 1863   L
14-17. HOELTZ, J[ohann] Georg, with family; e 1854   L
18. DIEHL, Katharina; e 1857 [destination uncertain]   L

From: Biebern, Amt Ohlweiler
To: North America

1. HORN, Christoph; e 1854   L
2. PIROTH, Johann Peter; e 1854 [destination uncertain]   L
3. SCHNEIDER, Peter; e 1854   L
4. VIER, J[ohann] Heinrich; e 1854 [destination uncertain]   L
5. SCHULTZ, Ludwig; e 1856 [destination uncertain]   L
6. VOGEL, Johann; e 1857   L
7. SCHWENCK, Peter; e 1857 [destination uncertain]   L
8. WEIRICH, Jakob; e 1857   L
9. WALTER, Johann Anton, b 4 Mar 1844, bachelor, blacksmith; e 1868   L

From: Frohnhofen, Amt Ohlweiler
To: America

1. PAULUS, Christoph; e 1857   L
2. KREIN, Franz, b 5 Sep 1830, farmer; e 1858 [destination uncertain]   L
3. LUCAS, Jakob, b 1 Jul 1848, bachelor, day laborer; e 1867   -

From: Heinzenbach, Amt Ohlweiler
To: Probably Brazil

1. MUEHLBERGER, Christoph; e 1857   L
2. KLOPP, Regina; e 1857   L

From: Heinzenbach, Amt Ohlweiler
To: America

1. EWECKER, Christian, b 3 Jan 1846, bachelor, carpenter; e 1872   L

From: Mengerschied, Amt Ohlweiler
To: Brazil

1. SCHAEFER, Christoph; e 1854 — L
2. GREGORIUS, Elisabeth; e 1854 [destination uncertain] — L

From: Megerschied, Amt Ohlweiler
To: North America

1. SERESSE, Jakob, b 8 Jan 1838, bachelor; e 1864
2-5. SCHERER, Christian, with family; e 1865 — L
6. LANG, Katharina Elisabeth, b 17 Nov 1843, unmarried; e 1865 — L
7-10. STEFFEN, Johann Peter, with family; e 1865 — L
11-14. SERESSE, Nikolaus, b 8 Aug 1847, with family; e 1865 [destination uncertain] — L
15-18. GILSDORF, Jakob, b 10 Jan 1846, with family; e 1865 — L
19. WICKER, Jakob, b 22 Jan 1847; e 1867 — L
20. ROOS, Jakob, b 5 Apr 1815, farmer; e 1867 — L
21. ROOS, M[aria] Elisabeth, b SCHAEFER, w; e 1867 — L
22. ROOS, Peter, b 22 Mar 1851, s; e 1867 — L
23. ROOS, Jakob, b 4 Jan 1858, s; e 1867 — L
24. ROOS, Georg Peter, b 4 Mar? [May?] 1861; e 1867 — L
25. HAUPT, Jakob, b 16 Feb 1834, musician; e 1872 — L
26. HAUPT, A[nna] Maria, b NATUS, b 2 Oct 1835, w; e 1872 — L
27. HAUPT, Joseph, b 25 Sep 1859, s; e 1872 — L
28. HAUPT, Peter, b 24 Jan 1863, s; e 1872 — L
29. HAUPT, Johann, b 30 Aug 1867, s; e 1872 — L
30. HAUPT, Margareta, b 18 Mar 1860, d; e 1872 — L
31. GREGORIUS, Franz, b 6 Feb 1866, bachelor, laborer; e 1881 — L
32-35. DAMGEN? [DAEMGEN?] Peter, with family; e 1881 [destination uncertain] — L
36. TERNES, Christian, b 20 Mar 1863, bachelor; e 1887 — L

From: Megerschied, Amt Ohlweiler
To: England, London

1. CHRIST, Peter, b 22 Aug 1856, bachelor, baker; e 1871 — L
2. STEFFEN, Peter, b 1 Apr 1847, bachelor, sheep herder; e 1873? — L
3. WICKERT, Kaspar, b 6 Spe 1867, bachelor; e 1883 — L
4. KREIN, Peter, b 21 Dec 1864; e 1883 — L
5. ROEMER, --, b 15 Dec 1866, bachelor; e not given
6. CHRIST, Friedrich, b 19 Oct 1861, bachelor; e 1886 — L
7. KOBER, Peter, b 10 Jun 1876, bachelor; e 1890 — L
8. STEFFEN, Adam, b 13 Jan 1876, bachelor, mason; e 1893 — L

From: Nannhausen, Amt Ohlweiler
To: Brazil

1. HAUBRICH, Mathias; e 1857 [destination uncertain] — L
2. ILGAS, Peter; e 1864 — AL
3. HAUBRICH, Jakob, b 30 Oct 1836, farmer; e 1868 — L

From: Nannhausen, Amt Ohlweiler
To: America

1. NANNHAEUSER, Christoph, b 7 Aug 1840, mason; e 1868 — L
2. NANNHAEUSER, Maria A[nna], b SCHERER, b 16 Aug 1842, w; e 1868 — L

From: Nickweiler, Amt Ohlweiler
To: America

1. BRUECK, Christoph, b 1 Oct 1839, bachelor, farm hand; e 1867 — L
2. KASPAR, Jakob, b 20 Sep 1857, bachelor, noncommissioned officer; e 1880 — L

From: Ravengiersburg, Amt Ohlweiler
To: America

1. SCHOLLES, Nikolaus, b 15 Jan 1844, bachelor, day laborer; e 1862 — L

From: Reich, Amt Ohlweiler
To: Brazil

1. SCHERER, Peter; e 1853, Estrella — AL
2. MUELLER, J[ohann] Peter; e 1847, S. Cruz — S
3. SCHERER, --, b WEBER, b 16 Aug 1804, w of #1 above; e 1857, Estrella — L
4. SCHERER, Peter, b 5 Feb 1831; e 1857, Estrella — L
5. SCHERER, Katharina, b 18 Oct 1833, d; e 1857, Estrella — L
6. SCHERER, Nikolaus, b 16 Aug 1848, s; e 1857, Estrella — L
7. DORFEY, Peter; e 1857 — AL
8-12. SCHNEIDER, Michel, with parents & siblings; e 1859 — L
13. KLUMB, Adam, b 15 Jul 1845, bachelor, carpenter; e 1868 — L
14. KLUMB, Peter, b 11 Feb 1854; e 1872 [destination uncertain] — L

From: Reich, Amt Ohlweiler
To: North America

1. MOEBUS, Peter, shoemaker; e 1857 — L

From: Reich, Amt Ohlweiler
To: England

1. KNICHEL, Jakob, b 4 Oct 1855, baker; e 1879 — L
2. KNICHEL, Johann, b 17 Nov 1852, bachelor, day laborer; e 1879 — L

From: Reich, Amt Ohlweiler
To: Undetermined or Unknown

1. JUNG, J[ohann] Jakob; e 1855 — L
2. IMIG, J[ohann] Jakob; e 1856 — L

From: Sargenroth, Amt Ohlweiler
To: Brazil

1. ADAMY, Nikolaus; e 1827, S. Leopoldo, B. Jardim — A
2. ADAMY, Jakob; e 1827, S. Leopoldo, B. Jardim — A
3. ENGELMANN, K[atharina?] Elisabeth, 1782-1854; e ? (was in Campo Bom from 1853) — C

4. VEIT, Karl, b 25 May 1842; e 1863 [destination uncertain] L
5. PETRY, J[ohann] Peter, 1824-1872; e ? Campo Bom C

From: Sargenroth, Amt Ohlweiler
To: America

1. KUNZ, Johann, b 4 Feb 1840, bachelor, cabinetmaker; e 1866 L
2. KUNZ, J[ohann] Peter, b 31 Aug 1837, bachelor, cabinetmaker; e 1866 L

From: Tiefenbach, Amt Ohlweiler
To: North America

1. NEUHAEUSER, Katharina; e 1853 L
2. SCHORN, Jakob; e 1857 L
3. SEIBEL, Adam, b 25 Feb 1862, day laborer, e 1880, Defiance, Ohio L
4. KAUER? Peter, b 27 Jan 1845, farmer; e 1884 L
5. KAUER? --, b 19 Mar 1852, w; e 1884 L
6. KAUER? Wilhelm, b 22 Dec 1878, s; e 1884 L
7. KAUER? Jakob, b 16 Sep 1876, s; e 1884 L
8. KAUER? Peter, b 16 Nov 1873; e 1884 L

From: Tiefenbach, Amt Ohlweiler
To: Brazil?

1. RECH, *alias* OCHS, Nikolaus, bachelor; e 1857 L
2. BAST, Peter; e 1861 L
3-6. BAST, Andreas, with family; e 1861 L

From: Unzenberg, Amt Ohlweiler
To: Brazil

1. KUNZ, --; e 1828, S. Leopoldo, D. Irmaos A

From: Unzenberg, Amt Ohlweiler
To: America

1. MUEHLBERGER, H[einrich] Peter; e 1854 L
2-6. ADAM, Nikolaus, with family; e 1881 L
7. CREUTZER, Gustav, b 26 Feb 1841, bachelor, dyer; e 1881 L
8. WEBER, Peter, b 22 Jan 1863; e 1889, Pittsburgh L
9. THOMAS, Jakob, b 1 Sep 1875; e before 1892 L
10. THOMAS, Wilhelm, restaurateur; e before 1892 L
11. JUNGHERZ, --; e before 1894, Chicago L
12. JUNGHERZ, --; e before 1894, Chicago L

From: Unzenberg, Amt Ohlweiler
To: England

1. KREUZER, Georg, b 3 Jul 1847; e 1846* - [*Either birthdate or emigration date is in error.]

From: Wueschheim, Amt Ohlweiler
To: Brazil?

1. BLAWER? Katharina; e 1854 L
2. GRIESANG, Nikolaus; e 1854 L
3. GRIESANG, Maria Margareta; e 1854 L
4. GRIESANG, H[einrich] Peter; e 1854 L
5. STEFFEN, Christian; e 1857, Ce[ara?] AL
6. ROCKENBACH, Peter; e 1857 L

7. METZGER, J[ohann] Nikolaus; e 1857? S. Cruz L
8-11. METZGER, --, b PETRY, with c; e 1859, S. Cruz AL
12. KASPAR, Joseph; e 1860, S. Leopoldo, D. Irmaos L
13. KASPAR, M[aria] Katharina, b KUNTZ, b 2 Mar 1822, w; e 1860, S. Leopoldo, D. Irmaos L
14. KASPAR, Joseph, b 28 Feb 1847, s; e 1860 L
15. KASPAR, A[nna] Maria, b 6 Jan 1849, d; e 1860 L
16. KASPAR, Peter, b 15 Feb 1859, s; e 1860 L
[All the c accompanying their parents to S. Leopoldo, D. Irmaos.]
17. ROCKENBACH, Peter; e 1878, Cachoeira, where #6 is also located A
18. KASPAR, --; e 1891 -

From: Wueschheim, Amt Ohlweiler
To: America

1-4. GRUENEWALD, Michael [with family?]; e 1861 L
5. SCHNEIDER, Jakob, b 31 Aug 1841, bachelor; e 1870 L
6-10. THEIS, J[ohann] Adam, with family; e 1881 L

6. Amt Rheinboellen

From: Town of Rheinboellen
To: Brazil

1-4. PIRA, Joseph, with w & 3 c; e ? J
5-9. MERKEL, --, widower, with 4 persons; e ? J

From: Town of Rheinboellen
To: North America

1. PIRA, Franz N.; e 1854 L
2. PIRA, Agnes; e 1854 L
3. BENGARD, Philipp Jakob; e 1855 L
4. TREIS, Adam; e 1855 L
5. SCHMELZEISEN, Heinrich, mechanic; e 1856 L
6. BRANDNER, Nikolaus; e 1857 L
7-10. GRUENEWALD, Joseph, with w & 2 d; e 1858 L
11. RAUMER, Adolph, b 20 Mar 1849; e 1865 L
12. KUHN, Herm[ann] Jos[eph], b 22 Nov 1843, cooper; e 1867, Columbus [Ohio?] L
13. URBAN, Philipp, b 6 Jan 1845; e 1867 L
14. CAPPALLO, Adam, b 7 Aug 1844, bachelor, day laborer; e 1873 -
15. MICHELS, Maier, b 6 Jan 1845, butcher; e ? L

From: Argenthal, Amt Rheinboellen
To: Brazil

1. SCHUCK? [SCHUCH?] Jakob, Catholic; e 1827, Dois Irmaos A
2-6. ROETZ, Anton, with w & 3 c; e 1845 J
7-9. NEUMANN, Johann, widower, w 2 c; e 1845 J
10-14. WEBER, Balth[asar] with w & 3 c; e 1845 J
15-20. EBERHARD, Jakob, with w & 4 c; e 1845 J
21-23. REITZ, Michel, with w & 1 c; e 1845 J
24-29. KAPPMANN, Peter, with w & 4 c; e 1845 J
30-32. PLENZ, Anton, with w & 1 c; e 1845 J
33. SINDORF, Wilhelm, bachelor; e 1845 J
34-35. NEUMANN, Margareta, with 1 c; e 1845 J
36-38. NIKODEMUS, Johann, with 2 c; e 1845 J
39-45. SCHAEFFER, Nikolaus, with w & 5 c; e 1845 J
46-48. SINDORF, Heinrich, with w & 1 c; e 1845 J
49-52. WEBER, Wilhelm, with w & 2 c; e 1845 J
53. KUNZ, Jakob; e 1846, Bom Jardim A
54. MUELLER, Michael; e 1847, Bom Jardim A

55. SCHAEFER, Georg; e 1847, Dois Irmaos — A
56-59. VOLKWEISS, Peter Paul, with family; 1847 — J
60. SPENGLER, Nikolaus, Catholic; e 1847, Bom Jardim — A
61. AULER, Nikolaus; e 1849, Bom Jardim — A
62. WALLAUER, --; e 1855, Estrella — A
63. NEUMANN, Wilhelm, b 29 Dec 1823, day laborer; 1858 (has relatives there) — L
64. NEUMANN, Barbara, b KUNZ, b 1 Aug 1829, from Erbach, w; e 1858 — L
65. NEUMANN, Peter, b 9 Aug 1850, s; e 1858 — L
66. NEUMANN, Anna Elisabeth;, b 31 Jul 1857, d; e 1858 — L
67-71. HECKLER, Nikolaus, with w & 3 c; e 1859 — L
72. VIER, Peter, b 26 Nov 1859, Catholic, blacksmith; e 1884, Montenegro, S. Salvador — AL
73. VIER, Peter, b 9 Mar 1868, Catholic, blacksmith; e 1886 — L
74. WALLAUER, --, Ev[angelical Lutheran]; e ? Dois Irmaos — A
75. MUNZLINGER, Wilhelm, Catholic; e 1896, Montenegro, S. Salvador — A
76. SINDORF, Veronika; e ? — J
77. NIKODEMUS, Katharina; e ? — J

From Argenthal, Amt Rheinboellen
To: North America

1. WALLAUER, Christof; e 1854 [destination uncertain] — L
2. GAUCH, Johann; e 1855 — L
3. BAUMGARTEN, Peter; e 1855 — L
4. CONRAD, Anna Margareta; e 1855 — L
5. SINDORF, Jakob; e 1856 — L
6. SINDORF, Matthias; e 1856 — L
7. STOLLWERK, Johann, die caster; e 1856 — L
8-11. BRUECK, Nikolaus, farmer, with family; e 1856 — L
12. BRUECK, Peter, b 6 Dec 1838; e 1856 — L
13. KONRAD, Wilhelm, b 5 Feb 1843, house boy; e 1858 — L
14. ENGELMANN, Jakob; e 1859 — L
15. ENGELMANN, --, w; e 1859 — L
16. ENGELMANN, Katharina, d; e 1859 — L
17. ENGELMANN, Peter P., b 31 Oct 1847, farmer; e 1859 — L
    [Birthdate seems wrong, inasmuch as a 12-year-old farmer, listed alone, seems unlikely.]
18. HOFRATH, Johann Jakob, b 2 Dec 1822, day laborer; e 1860 — L
19. HOFRATH, Magdalena, b POTT? b 25 May 1829, w; e 1860 — L
20. HOFRATH, Jakob, b 15 Mar 1856, s; e 1860 — L
21. HOFRATH, Peter P., b 4 Aug 1858, s; e 1860 — L
22. GOEHL, Christoph, b 28 Aug 1832, shoemaker from Tiefenbach; e 1862 — L
23. GOEHL, Anna Katharina, b KIRCHNER, b 16 May 1835, w; e 1862 — L
24. GOEHL, Christine, b 20 Aug 1859, d; e 1862 — L
25. GOEHL, Katharina, b 4 Apr 1861, d; e 1862 — L
26. WERNER, Jakob, b 22 Aug 1840, farmer & trader; e 1865 — L
27. KRAEMER, Christof, b 1 Apr 1840, farmer; e 1865 — L
28. BECK, Jakob, b 3 Dec 1834, miller; e 1866 — L
29. BECK, Christine, b HORN, b 22 Feb 1839, w; e 1866 — L
30. BECK, Margaretha, b 22 Nov 1861, d; e 1866 — L
31. STENZ, Wilhelm, b 2 Nov 1844, wagoner; e 1867 — L
32. KRAEMER, Jakob, b 20 Jan 1844, blacksmith; e 1869 [out of sequence?] — L
33. VONES, Jakob, b 12 Sep 1847; e 1868 — L
34. VOLLRATH, Wilhelm, b 23 Nov 1856; e 1868 — L
35. HEIM, Bergmann, b 24 Oct 1848; e 1870 — L
    [Ambiguous: It may be that Bergmann refers to Heim's occupation (miner), as this is a most unusual given name.]
36. RIEGEL, Peter, b 14 Nov 1843, wagoner; e 1870 — L
37. JOST, Heinrich, b 17 Oct 1852, farmer; e 1882 — L
38. KRAEMER I, Karl, b 2 May 1843, Ev[angelical Lutheran] day laborer; e 1883 — L
39. KRAEMER I, Elisabeth, b AULER, b 5 Nov 1843, w; e 1883 — L
40. KRAEMER I, Maria, b 22 Apr 1878, d; e 1883 — L
41. VOGT, Anna, b 17 Mar 1861, servant girl; e 1883, Reading [Pennsylvania?] — L
42. BOUFFLEUR, Wilhelm; e 1884 — L
43-51. JUNGBLUTH II, Peter, with family; e 1885 — L
52. HARTUNG, Johann, b 3 Dec 1835, farmer; e ? — L
53. HARTUNG, Christine, b HUMMES, b 7 Jul 1838, w; e ? — L
54. HARTUNG, Katharina, b 2 Dec 1861, d; e ? — L
55. HARTUNG, Anna Margareta, b 3 Jan 1863; e ? — L
56. HARTUNG, Jakobine, b 15 May 1865, d; e ? — L
57. JOST, Georg; e ? — L
58. KAUER, Peter, b 28 Jan 1868; e ? — L
59. KRAEMER, Peter Paul, b 10 Aug 1855; e ? — L
60. KIRCHNER, --, b KOELSCH, widow of Martin KIRCHNER; e ? — L

From: Dichtelbach, Amt Rheinboellen
To: Brazil

1. SECKLER, Eva; e ? — J
2. JERUNOVSKY, --; e 1846 — J
3-6. KAPPES, Johann, with family; e 1847 — J

From: Dichtelbach, Amt Rheinboellen
To: America

1. LEICH, Jakob, b 1825; e 1856, New York — L
2. LEICH, Eva, b 1828, w; e 1856, New York — L
3. LEICH, Christa, b 1850, d; e 1856, New York — L
4. LEICH, Eva, b 1852, d; e 1856, New York — L
5. LEICH, Maria, b 1855, d; e 1856, New York — L
6. HOELTZ, Nikolaus; e 1857 — L
7. HOELTZ, Katharina; e 1857 — L
8. BREITENBACH, Jakob, b 21 Jan 1832, die caster; e 1862 [destination uncertain] — L
9. LUTTERBACH, Peter; e 1862 [destination uncertain] — L
10. VOGEL, Johann; e 1862 [destination uncertain] — L
11. CAPALLO, Franz, b 15 Oct 1844, cabinetmaker; e 1872 — L
12. CAPALLO, Friedrich Wilhelm, b 2 Dec 1855, die caster; e 1882 — L
    [#11 & #12 were brothers.]
13. HOELTZ, Heinrich Jakob, lathe operator; e 1882, Milwaukee — L
14-18. KALLENBACH, Jakob, with w & c; e ? [destination uncertain] — L

From: Ellern, Amt Rheinboellen
To: Brazil

1. KLUMPP, Georg; e 1860, S. Lorenzo — A
2. KLUMPP, Jakob; e 1860, S. Lorenzo — A

3. KLUMPP, Peter Paul, b 2 Aug 1835 in Ellern; e 1860, S. Lorenzo A
4. KLUMPP, Johann (father); e 1860, S. Lorenzo A
5. KLUMPP, Wilhelm, b 20 Jun 1837; e 1860, S. Lorenzo A
6-7. KLUMPP, David, b 12 Jul 1839, with w; e 1860 A
8. KLUMPP, Friedrich Wilhelm, b 8 Oct 1841; e 1860 L
9. KLUMPP, Johann Nikolaus, b 31 Jan 1838, die caster; e 1860 L
10. SCHNEIDER, Michael; e 1860 L
11. HOELZ, Georg Mathias; e 1863 L
12. HOELZ, Regina, Frau [of #11?] b 25 Feb 1839; e 1863 L
13. HOELZ, Heinrich, b 6 Oct 1845; e 1863 L
14. HOELZ, Elisabeth, b 20 Aug 1849; e 1863 L
15. WAECHTER, Lorenz, b 17 Mar 1838, farmer; e 1863 L
16. KUELZER, Peter, tailor; e ? L

From: Ellern, Amt Rheinboellen
To: North America

1-4. KLUMB, Hieronymus, with family; e 1854 L
5. KLUMB, Katharina, b 9 Nov 1834; e 1854 L
6. DIX, Wilhelm, tailor; e 1855 L
7. DIX, Johann Nikolaus; e 1855 L
8. WITTIG, Benjamin; e 1855 L
9. HOELTZ, Valentin, b 1841; e 1857 L
10. HOELTZ, Heinrich, b 6 Oct 1845; e 1857 L
11. HOELTZ, David, b 9 Feb 1844; e 1860 L
12. KLUMB, Georg, b 11 Jun 1831, die caster; e 1860 L
13. KLUMB, Charl[otte] b LANG, b 8 Jun 1836; e 1860 [wife of #12?] L
14. KLUMB, P[eter?] P[aul?] Georg, b 27 May 1859; e 1860 L
15. LUECKER, Christian; e 1860? L
16. WERNER, Michael, b 17 Aug 1800; e 1860 L
17. WERNER, A[nna] Margareta, b LANG, b 18 Mar 1809, w; e 1860 L
18. WERNER, Regina, b 22 Aug 1837, d; e 1860 L

From: Erbach, Amt Rheinboellen
To: Brazil

1-4. BLUM, Kaspar, with w & 2 c; e 1845 J
5-10. MUELLER, Matthias, with w & 4 c; e 1845 J
11. KUNTZ, Anton; e 1860, P. Alegre L

From: Erbach, Amt Rheinboellen
To: America

1. IMMIG, A[nna] Maria, b 11 Oct 1839, servant girl; e 1855 L
2. IMMIG, Margareta, b 8 Apr 1833, servant girl; e 1855 L
3. KASSEL, Franz, b 7 Feb 1793; e 1857 L
4. KASSEL, Eva, b 20 Apr 1792; e 1857 L
5. KETZER, --, widow of Adam KETZER; e 1857 L
6. IMMIG, Heinrich Peter; e 1862 L

From: Kleinweidelbach, Amt Rheinboellen
To: Brazil

1-6. GAETTNAUER, Matthias, with w & 4 c; e 1845 J
7-9. GAETTNAUER, Johann, with w & 1 c; e 1845 J

From: Kleinweidelbach, Amt Rheinboellen
To: North America

1. FRICK, Elisabeth, servant girl; e 1857 L
2. ULRICH, Franz, b 6 Jun 1837; e 1858 L

From: Liebshausen, Amt Rheinboellen
To: Brazil

1-8. HILL, Philipp, with w & 6 c; e 1845 J
9-11. GRINGS, Nikolaus, with w & 1 c; e 1843 [Year of emigration perhaps should be 1845.] J
12. RIPPEL, --, widow; e 1845 J
13-17. LITTGER, Andreas, with w & 3 c; e 1845 J
18. SCHOEN, --, b KAEFER, widow of Philipp SCHOEN; e 1861 A

From: Liebshausen, Amt Rheinboellen
To: America?

1. DIEL, A[nna] Maria; e 1854 L
2. CASPAR, Jakob, b 8 Jun 1838; e 1856 L
3. CASPAR, Jakob, b 3 Mar 1837; e 1856 L
4. WAGNER, A[nna] Christine; e 1856 L
5. WAGNER, A[nna] Katharina; e 1856 L
6. CRAEMER, Karl; e 1857 L

From: Schnorbach, Amt Rheinboellen
To: Brazil

1. MUNZLINGER, Johann Adam; e 1856 L
2. MUNZLINGER, Ludwig, b 1822, s; e 1856 L
3. MUNZLINGER, Johann, b 1826, s; e 1856 L
4. KAPPAUN, Anna Maria, b CASPAR; e 1862 L
5. KAPPAUN, Johann, b 30 Aug 1834, s; e 1862 L
6. KAPPAUN, Jakob, b 29 Jul 1840, s; e 1862 L
7. KAPPAUN, Katharina, b 10 Apr 1844, d; e 1862 L
8. KAPPAUN, Peter, b 27 Jun 1849, s; e 1862 [Kappaun family went to Rio Grande.]
9-12. GRINGS, --, widow, with c; e 1862, Rio Grande L
13. CONRAD, Franz, b 2 Jul 1828, mason; e 1862 L
14. CONRAD, Maria, b LITTGER from Kisselbach, b 9 Feb 1837, w; e 1862 L
15. CONRAD, Katharina, b 8 Feb 1859, d; e 1862 L
16. CONRAD, Maria Anna, b 25 Oct 1861, d; e 1862 L

From: Moerschbach, Amt Rheinboellen
To: Brazil

1. PRASS, Hieronymus; e 1846, S. Sebastian A

From: Moerschbach, Amt Rheinboellen
To: America

1. AULER, Christoph, b 1 May 1846, baker; e 1870 L
2. MUEHLEIS, A[nna] Maria, b 13 Oct 1860, cook; e 1882 L
3. SCHAEFFER, Jakob; e ? [destination uncertain] -

From: Riesweiler, Amt Rheinboellen
To: North America

1. BECKER, Christoph; e ? L
2. CLEMANN, Peter; e 1855 L
3. CLEMANN, Christine; e 1855 L

4. CONRAD, H[einrich] Peter, farmer; e 1855 L
5. GOEHL, --, stepdaughter of #4 above; e 1857 L
6. GOEHL, Conrad, b 12 Jun 1833, day laborer; e 1857 L
7. HELLER, Peter; e 1857 L
8. MARTIN, --, farmer; e 1857 L
9. HART, --, b 27 Dec 1833; e 1883 L
10. HART, --, b 12 Oct 1842, w; e 1883 L
11. HART, Peter, b 10 Oct 1865, s; e 1883 L
12. HART, Katharina, b 23 Sep 1869, d; e 1883 L
13. HART, Christine, b 28 Apr 1871, d; e 1883 L
14. HART, Jakob, b 23 Feb 1873, s; e 1883 L
15. HART, Philipp, b 23 Sep 1877, s; e 1883 L

SURNAME INDEX

Surnames mentioned in the text have been indexed to include not only the page number but also position on the page. For example, a reference to page 11c indicates that the surname will be found in the lower third of the left-hand column of page 11; page 30d indicates that the surname will be found in the upper third of the right-hand column of page 30.

```
: a . d :
:       :
: b . e :
:       :
: c . f :
```

Achten, 22f

Adam, 8b, 21f, 25e

Adams, 15d, 16a, 16d, 16e, 20d, 21c

Adamy, 27f

Altmayer, 7d, 7f, 26c

Altstaetter 7b

Ambach 6c

Anton, 7d

Arnold, 21a

Assmann, 3f, 11e, 25c

Auler, 29a, 30f

Backes, 10c

Baecker, 5d

Bales, 15a

Balthes, 12f

Bamberg, 21b

Barden, 19e, 19f, 23e

Bartz, 12c

Bast, 3e, 23d, 28b

Bauch, 5d

Bauer, 12f, 14a, 17d, 23f

Bauermann, 3b, 3d, 4b, 5b

Baum, 24c, 24d

Baumgarten, 29b

Beck, 3c, 24f, 29c

Becker, 14c, 15e, 30f

Beil, 21e, 22a

Bender, 4b, 4c, 4f, 5d, 5f, 11f, 12e, 13f, 18f, 26c

Bengard, 28e

Benz, 23d

Bird. *See* Vogel

Birkenheier, 19e

Blaes, 15c

Blatten, 20b

Blawer, 28c

Bleines, 7b

Bluemling, 23f

Blum, 30c

Boehmer, 24f

Boersch, 11d, 19f

Bohn, 14a

Bonn, 8c

Boos, 17e, 20f, 26d

Bormann, 4c

Born, 16b, 16c

Bottlinger, 8d

Bouffleur, 29d

Brahn, 16f

Brandner, 28e

Brauer, 25c

Braun, 4c, 14a, 14c, 15b, 19b, 20b

Breitenbach 29f

Breuer, 11d

Brod, 13a

Bronn, 8e

Bruch, 5b

Brueck, 6e, 8d, 27d, 29b

Brust, 11a

Buendchen, 2a

Burbach, 6d

Burg, 15d

Burger, 8c

Butz, 12f

Cappallo, 28f, 29f

Carl, 24b

Carl. *See also* Karl

Carpenter. *See* Zimmermann

Caspar, 23c, 25f, 30d

Caspar. *See also* Kaspar

Christ, 16d, 16e, 24f, 25c, 27c

Christmann, 8f, 22b, 22c

Claas, 18b

Claas. *See also* Klass

Claus, 12c

Clemann, 30f

Clinesmith. *See* Kleinschmidt

Conrad, 10a, 10f, 29b, 30e, 31a

Conrad. *See also* Konrad, Konrath

Craemer, 30e

Craemer. *See also* Kraemer, Kremer

Creutzer, 28b

Creutzer. *See also* Kreuzer

Cross. *See* Kreuz

Daemgen, 9f, 27b

Damgen, 27b

Damm, 6b
De Lorenzi, 2e
Dhein, 4e
Diehl, 26e
Diel, 2b, 18d, 18e, 26d, 30d
Dieter, 17c, 17d
Dieterich, 23e, 25f
Dietrich, 26e
Dillig, 4a
Dix, 30b
Dohr, 13a
Donsbach, 22b, 22c, 22f, 23a, 25c
Dorfey, 27e
Dornhard, 7f
Dorr, 2d, 17d
Dupont, 4e
Eberhard, 14b, 14c, 14d, 28f
Echternach, 23a
Eckel, 4f
Eich, 15d
Eichhorn, 13a
Emmel, 2b, 14a, 23f
Engbarth, 7d
Engel, 21c
Engelbert, 22c
Engelhardt, 2d
Engelmann, 27f, 29b
Ernst, 23b
Etges, 16b
Etzkorn, 18f
Ev, 16f, 17a
Everhardt, 2d
Everhardt. *See also* Eberhard
Ewecker, 26f
Ewein, 24b
Fahlinger, 8e
Faller, 3a
Faust, 24a, 24c
Fenninger, 26d
Fenstersiefer, 2d
Ferst, 15d
Fett, 5e
Fey, 5c, 9e, 9f, 10a, 10c
Fiehl, 4d
Finzel, 6b
Fischer, 14c
Forster, 25c

Frank, 2b, 2d, 2e, 22d, 24b, 24c
Franz, 11a
Franzmann, 6e
Freiss, 12e, 21a
Frey, 20a
Frick, 30d
Friul, 9d
Fuchs, 7b, 21e, 22a, 22b, 22c
Fuck, 9d, 9f
Furk, 22e
Fuehr, 14e
Gaettnauer, 30c
Gass, 22e
Gauch, 29b
Geis, 12b
Geiss, 11c
Geller, 12f
Gerhard, 6a, 6b, 6d, 7a, 8e
Gerson, 24c
Gewehr, 13e, 15a, 16f, 21a, 23f, 24b, 24e
Giesel, 17d
Gietzen, 19d
Gilsdorf, 27a
Goehl, 20f, 29c, 31a
Goergen, 15d, 15e
Goetz, 2e, 2f, 21f
Goldschmidt, 3c
Graef, 14d, 14e, 15b, 15c, 16e
Graeff, 19e, 24f
Graeff III, 15b
Gramm, 8c, 8d
Gregorius, 27a, 27b
Greiser, 7a
Griesang, 2c, 4f, 28c
Grings, 2a, 30d, 30e
Gruenewald, 3a, 3b, 28d, 28e
Gruhn, 5c, 7b
Gumm, 4b, 4d
Gutenberger, 4d, 20f
Haeser, 19d
Hall, 10d
Hamann, 16a
Hammel, 6a, 6c, 6f
Hammes, 25a
Hand, 25a
Hardt, 2d

Hart, 31a, 31d
Hartmann, 2a, 3f
Hartung, 29d
Hasselbach, 11c, 11e, 12d
Hastenpflug, 15f
Haubrich, 27c
Hauch, 2e, 3a
Haupt, 27b
Hebel, 6e, 26b
Heck, 23b
Heckler, 2a, 2b, 29a
Heckmann, 7d, 9e, 10a, 12f, 15a, 15b
Hees, 17a
Heib, 21b
Heib. *See also* Heip, Hepp
von der Heide, 2b
Heikmann, 14e
Heiles, 18a
Heim, 29d
Heimann, 22a
Heimann. *See also* Heymann
Heinz, 4a, 4b, 10d, 10e, 17a
Heip, 10d
Heip. *See also* Heib, Hepp
Heiss, 13e
Hekmann, 15a
Helffenstein, 22c, 22d
Hellen, 14f
Heller, 2d, 26c, 31a
Henn, 8f, 22b, 24b
Henrich, 6f, 10e
Henz, 10c
Henzel, 23b
Hepp, 2c
Hepp. *See also* Heib, Heip
Herber, 23a
Herbig, 6e
Hermann, 2c, 2d, 6b, 6f, 7f, 9a, 23d
Herrmann, 6f
Hetzel, 3e, 4d, 4e
Heymann, 3b, 21f, 22a, 22b, 22d
Heymann. *See also* Heimann
Hill, 30d
Hoeltz, 26e, 29f, 30b
Hoelz, 26d, 30a
Hoetz, 18a

Hoff, 18f, 19a
Hoffmann, 3b, 4b, 18e, 21e, 25c
Hoffmeyer, 22a
Hofrath, 29c
Hohl, 4c
Holl, 10d, 16d
Holler, 10c, 10d
Horn, 8a, 9e, 25f, 26e, 29c
Hottenbacher, 4b, 13c, 22d, 26c
Huethwohl, 3b, 22d, 24b
Hummes, 15e, 29d
Ilgar, 5f
Ilgas, 27c
Imboden, 26b
Imig, 4a, 11e, 13d, 27f
Immig, 30c
Iswang, 22f
Jacobi, 23c
Jacobs, 12a, 16b, 20a, 21c, 21d
Jaeger, 6b, 10f, 23a
Jakobs, 12c
Jahn, 11c, 13a
Jerscheid, 24a
Jerunovsky, 29e
Johann, 4c, 5a, 18c, 18d, 18e
Johannes, 3b
Jost, 29d, 29e
Jung, 3a, 7b, 27f
Jungbluth II, 29d
Jungherz, 28c
Junker, 21a, 21f, 22e
Kaas, 24a
Kaefer, 30d
Kahn, 24d
Kallenbach, 29f
Kappes, 5d, 6b, 6c, 7a, 29e
Kappmann, 28f
Karbach, 3d
Karl, 24b, 24d
Karl. *See also* Carl
Karr, 11b, 11f, 12a, 12d
Karsch, 2e
Kaspar, 27d, 28d
Kaspar. *See also* Caspar
Kassel, 30c
Kauer, 2a, 13c, 13d, 28a, 29e
Kaufmann, 2e, 26b
Kaun, 2e

Keller, 8b, 12f, 13e, 26a
Kellner, 16b
Kemmer, 18f
Kentenich, 23e
Kern, 2c
Ketzer, 30c
Kiefer, 8d, 13b
Kiltzer, 18e
Kimpel, 12f
Kipper, 5c
Kirchmeyer, 3a, 3c
Kirchner, 29c, 29e
Kirst, 21e
Kist, 4e, 4f
Klass, 13c
Klass. *See also* Claas, Claus
Kleid, 5d, 21e
Klein, 6b, 7f, 10e, 14d, 18d, 19b, 25a
Klein II, 18c
Kleinschmidt, 23d
Klingels, 9f, 10a, 24b
Klippel, 2a
Klopp, 26f
Klos, 22d
Klumb, 27e, 30b
Klumpp, 29f, 30a
Knaudt, 5a
Knebel, 4b, 4d, 12c, 18a, 18b
Knichel, 27f
Kober, 27c
Kochhann, 15f
Koelsch, 29e
Koelzer, 20d
Koelzer. *See also* Kuelzer
Koenig, 5d, 7a, 19f, 20a
Koetz, 23a, 24f
Kohr, 13a, 13f
Kohr II, 13c, 13e
Konrad, 2a, 3d, 9d, 21e, 25d, 29b
Konrad. *See also* Conrad, Konrath
Konrath, 3d
Konrath. *See also* Conrad, Konrad
Kraemer, 13a, 13b, 19f, 20a, 20c, 29c, 29d, 29e
Kraemer. *See also* Craemer, Kremer
Krein, 8a, 8e, 26f, 27c
Kremer, 20a
Kremer. *See also* Craemer, Kraemer

Kreuz, 20c
Kreuzer, 28c
Kreuzer. *See also* Creutzer
Kuelzer, 4d, 16f, 19e, 30a
Kuelzer. *See also* Koelzer
Kuhn, 2d, 8a, 10f, 28e
Kuhsel, 22b
Kuhsel. *See also* Kusel
Kullmann, 10e
Kuntz, 9a, 28d, 30c
Kunz, 25b, 25d, 28a, 28b, 28f, 29a
Kurz, 3f, 5d, 5f, 14c, 25b
Kusel, 21f
Kusel. *See also* Kuhsel
Lahm, 6b, 10e
Lambrecht, 21e
Lamby, 14f, 15c
Land, 9b, 9c
Lang, 19b, 27a, 30b
Lanz, 5e, 5f
Lauff, 21e
Laux, 14a
Laux. *See also* Leux
Laydener, 3b
Lehnert, 14d, 14e
Lehnhard, 20f
Lehnhardt, 5b
Leich, 29e
Leininger, 4d, 4e
Leitersdorf, 12d
Lenhard, 13d, 17b, 18e
Lenhardt, 3e, 14b, 17b
Leux, 16b
Leux. *See also* Laux
Ley, 20e
Licht, 18f
Lichtweiss, 16f
Liesenfeld, 13a, 14c, 16a, 16e, 17d, 17e, 20c
Linden, 18f
Link, 21a
Littger, 30d, 30e
Loeb, 6c
Loesch, 10b
Lorenz, 9a, 21f, 23b
de Lorenzi, 2e
Lorey, 13b
Lucas, 19f, 26f

Ludwig, 3a, 5e, 7a, 13e, 17f
Luecker, 5a, 30b
Lutterbach, 29f
Maehringer, 11a
Maehringer IV, 23d
Maehringer. *See also* Moehringer
Magnus, 12d
Marhofer, 12e
Marks, 17b
Marks. *See also* Marx
Martin, 5a, 8f, 21d, 31a
Marx, 6d, 10a, 10b, 11d, 13a
Marx. *See also* Marks
Maxein, 2c
May, 7b
Mayer, 6f, 24b, 24c
Meinert, 7d
Meinerz, 13a
Meinhard, 19d, 25d
Meng, 13c
Merg, 17f
Merkel, 28e
Metzger, 28d
Meuer, 13f, 16a, 19e, 20a
Meyer, 6d, 17f, 26c
Michel, 12e, 13c, 13d, 16d, 17a, 18b, 18c, 22f
Michels, 28f
Miesemer, 4a
Miesenich, 19a
Milchsack, 12a
Miott, 15e
Moebus, 4f, 18b, 27e
Moehringer, 26b
Moehringer. *See also* Maehringer
Moersch, 2e, 2f, 3c, 12e, 21a
Moersch. *See also* Morsch
Mohr, 16c, 26d
Molz, 24a, 24c
Monrian, 20d
Moog, 7a
Mohr, 8d
Morsch, 19b
Morsch. *See also* Moersch
Muehlberger, 24b, 26f, 28b
Muehleis, 30f
Mueller, 5c, 7d, 7e, 8e, 14f, 15d, 16a, 18f, 19a, 20c, 20d, 23c, 27e, 28f, 30c

Muench, 8a, 17a
Munzlinger, 24a, 24b, 29a, 30e
Nadig, 6e, 7b
Nannhaeuser, 27d
Natus, 26d, 27b
Neu, 24a, 24b
Neuhaeuser, 28a
Neumann, 19d, 28f, 29a
Nick, 15b, 16d, 19f, 22a
Nicolai, 15f
Nicoley, 19e
Nied, 24f
Nikodemus, 11e, 28f, 29a
Noerling, 22a
Nos, 25a
Ochs, 6a, 6c, 23a, 23e, 25a, 25d, 28b
Odenbreit, 8b, 22b
Ody, 14e
Olbermann, 14e, 15a, 15c
Orlob, 7a
Orth, 12c
Paul, 10f
Paulus, 4c, 26f
Peiter, 2b, 18c
Peitz, 6f, 10b
Peters, 11b, 19c, 19d
Petry, 6c, 6e, 9d, 9e, 9f, 10a, 10c, 10d, 14f, 18a, 25e, 28a, 28d
Peuter, 13d, 14a
Pfeffer, 17c
Pfuhl, 21d
Philipps, 16c
Philippsen, 15f
Pies, 14f, 20a
Pira, 28e
Piroth, 23b, 26e
Platten, 16c
Pleines, 7b
Plenz, 28f
Pletzer, 24a
Poersch, 16a
Poersch III, 14e
Pott, 29c
Prass, 30f
Prinz, 17f
Proff, 20d
Puhl, 13a, 13c

Pullig, 5f, 6a, 6f, 7b
Rau, 11f, 12e
Rauguth, 8d
Raumer, 28e
Raumer. *See also* Roemer
Rauschenbach, 10f
Rech, 2a, 2b, 2d, 3a, 10b, 22f, 28b
Reck, 4a
Reif, 19c
Reinert, 23e
Reuss, 23c
Reuter, 18a
Reuther, 4d, 17a
Reichert, 9a
Reitz, 28f
Rhein, 23f
Ried, 25a, 25e
Riegel, 29d
Ries, 2c, 15d
Rippel, 15d, 30d
Ritt, 25a
Ritter, 2c, 15e
Rockenbach, 28c, 28d
Roemer, 27c
Roemer. *See also* Raumer
Roerig, 7d
Roetz, 28f
Roos, 2c, 11d, 12d, 12e, 12f, 26c, 27a
Roschel, 24f
Rosenbach, 25a
Rosenberger, 12d
Roth, 23f, 24b
Rothhaar, 11f
Ruhr, 8d
Ruwer, 15d
Saam, 8e, 10f
Salomon, 22b
Schaefer, 2d, 12b, 27a, 29a
Schaeffer, 28f, 30f
Schaller, 22e
Schappert, 9e
Scheid, 15f
Schein, 2c
Schell, 23d
Scherer, 7b, 8f, 25e, 27a, 27d, 27e
Scherschlicht, 3e

Scheu, 6d
Schlarb, 12c
Schloss, 22c, 22d
Schmaus, 12a, 15c
Schmelzeisen, 28e
Schmidt, 7c, 8a, 8b, 10b, 10e, 13b, 16d, 16e, 18c, 21c, 21f, 22b, 24b, 24c, 25f, 26a, 26c
Schmitz, 2c, 15d
Schmoll, 14c, 14f, 15a, 18f, 22b
Schneeberger, 6c
Schneider, 5d, 8a, 11f, 13e, 14a, 16a, 17a, 17b, 17e, 17f, 18a, 19a, 19b, 21a, 21e, 22a, 22f, 23a, 23f, 24b, 24c, 24d, 26e, 27e, 28d, 30a
Schnorr, 14b
Schoen, 10c, 30d
Schokies, 3a
Scholles, 27d
Schorn, 28a
Schornsheim, 6e, 7a
Schreck, 19b
Schroeder, 19f
Schuch, 5e, 28f
Schuck, 28f
Schueler, 3e, 21f, 22a, 22e
Schug, 9c
Schultz, 26e
Schummer, 7f, 22a
Schwab, 14c, 14d
Schwarz, 2a
Schweig, 12d
Schwenck, 26e
Schwerdling, 12f, 21a
Schwickert, 23c
Seckler, 29e
Seibel, 19c, 25b, 28a
Seis, 20c
Seresse, 27a
Silberberg, 2e
Simon, 3b, 12a, 20c
Sindorf, 28f, 29a, 29b
Sixel, 4b
Sommer, 2d, 23b
Sondheimer, 3c
Spengler, 29a
Spitzer, 23e
Spreier, 9b, 9c
Staeffler, 11f, 12f
Staeffler III, 11c

Stalter, 18b
Staudt, 6a, 7d, 7e, 9e, 10a, 13f
Stauer, 8f
Steeg, 21c
Steffen, 10e, 11b, 27a, 27c, 28c
Steffens, 18d
Steil, 21e, 22d, 22f
Stein, 2b, 7e, 7f, 9d, 9e, 9f, 10a, 18a, 20e, 20f, 21e, 22a
Steines, 6f, 25c
Stenz, 29c
Stilz, 7c
Stock, 21f
Stoffel, 5a
Stollwerk, 29b
Strauss, 6d, 6e, 20b, 24a
Stumm, 23b, 23c, 23f
Sulzbacher, 5a
Ternes, 27b
Theis, 5c, 21a, 28d
Theisen, 16d
Thiessen, 12b
Thomas, 4b, 15e, 15f, 23c, 26d, 28c
Threis, 17b
Threis. See also Treis
Trapp, 23f
Treis, 28e
Treis. See also Threis
Ullmann, 6e, 6f
Ulrich, 20f, 30d
Unknown, 10d, 10e
Urban, 10c, 28e
Veit, 28a
Verbeck, 24a
Vier, 23c, 26d, 26e, 29a
Vogel, 6b, 26e, 29f
Vogt, 14a, 20b, 21e, 25a, 29d
Volkweiss, 29a
Vollrath, 29d
Von Der Heide, 22b
Vones, 29d
Waechter, 19b, 30a
Wagner, 4a, 5c, 6d, 6e, 7c, 7d, 7e, 11d, 11e, 12d, 14d, 14f, 16a, 16c, 30e
Wahl, 12e
Wallauer, 4c, 22f, 29a, 29b
Walter, 20e, 26f

Weber, 3c, 14a, 15a, 19c, 20c, 21c, 25a, 27e, 28c, 28f
Weckmueller, 3f, 26d
Weih, 12b
Weiler, 14d
Wein, 18b
Weinand, 15e
Weinel, 8f
Weinert, 10b
Weirich, 5e, 8a, 23f, 25a, 26f
Weirich. See also Weyrich
Weishaupt, 20f
Wendel, 26a
Welches, 13a
Welker, 2b
Wendling, 16b
Werb, 10a
Werckhaeuser, 6e, 8a, 24f
Wermann, 15d
Werner, 19d, 29c, 30b
Werner II, 17a
Weyrich, 2d, 8a, 25f
Weyrich. See also Weirich
Wicker, 27a
Wickert, 11a, 15e, 25b, 27c
Wieseler, 23f
Wiess, 9c
Wilbert, 4e, 19b
Wilhelmy, 5c
Will, 16c
Wirth, 6a, 6b, 6f, 7f
Wirzius, 8d
Wittig, 30b
Wittmacher, 4e
Wolf, Wolff, 3f, 20d
Wuellenweber, 22e
Wust, 26e
Yost. See Jost
Young. See Jung
Youngblood. See Jungbluth
Zenzem, 21f
Zephir, 12f, 13b
Zerfass, 8f
Zillig, 5b
Zimmer, 13b, 15f, 19c, 23e
Zimmermann, 10f

www.ingramcontent.com/pod-product-compliance
Lightning Source LLC
Chambersburg PA
CBHW080456170426
43196CB00016B/2834